TAKING MY LIFE BACK

D'après une histoire vraie

Par

DENIS MURPHY

Traduit Par

Dina El Idrissi Et Denis Murphy

"Tout peut être pris à un homme sauf une chose; la dernière des libertés humaines - de choisir l'attitude d'une personne dans un ensemble donné de circonstances. de choisir sa propre voie".

- Viktor E. Frankl

Taking My Life Back

D'après une histoire vraie

Publié par Happy & Fun Lifestyle LLC

Copyright © 2021

Denis Murphy

Tous droits réservés

Tous droits réservés. Aucune partie de ce livre ne peut être reproduite ou transmise sous quelque forme ou par quelque moyen que ce soit, électronique ou mécanique, y compris par photocopie, enregistrement ou par un système de stockage et de recherche d'informations - sauf par un critique qui peut citer de brefs passages dans une revue à paraître dans un magazine ou un blog - avec l'autorisation écrite de l'auteur.

À PROPOS DE L'AUTEUR

En tant que linguiste, programmeur informatique et animateur de podcast, Denis est passionné par l'idée d'aider plus de gens à atteindre de nouveaux niveaux d'objectifs, d'épanouissement et de bonheur.

Il utilise ses connaissances uniques en psychologie humaine pour aider son public à comprendre qui il est et la vie qu'il est capable de mener.

En utilisant son podcast: "The Happy Mindset", Denis aide à faire comprendre que l'on peut toujours creuser plus profondément et choisir de mener une vie heureuse et épanouie, quoi qu'il arrive.

Il croit que tout commence par une décision consciente et un changement de mentalité. Dans son podcast, il interroge des invités du monde entier pour découvrir la vraie personne et les vraies leçons qui se cachent derrière leur succès.

DÉDICACE

À ma famille qui m'a aidé à traverser mes moments les plus sombres même lorsque je n'avais pas les mots pour exprimer vraiment le chaos qui se déroulait dans ma tête.

Pour moi qui ai 22 ans, ce livre contient les leçons que j'ai apprises dans la vingtaine parce que, dans l'obscurité que vous allez traverser, vous avez pris la décision de reprendre votre vie en main. Je vous suis très reconnaissante d'avoir pris cette décision.

REMERCIEMENTS

Je souhaite profiter de cette occasion pour remercier plusieurs personnes pour leur aide et leur contribution, sans lesquelles l'achèvement de mon livre n'aurait pas été possible. Je tiens tout d'abord à remercier Lisa Caprelli. Sans l'expérience, les conseils et la générosité sans fin de Lisa, Taking My Life Back n'existerait pas.

Grâce aux compétences créatives et à l'imagination de Davey Villalobos qui a pris mes mots écrits et a donné vie à Taking My Life Back, je voulais être dessinateur de bande dessinée quand j'étais enfant, je suis donc ravi de voir vos animations dans mon livre.

Merci à Amanda Williams, dont les compétences éditoriales et les orientations utiles ont été essentielles pour la réalisation de ce livre.

À Claire Ashman, merci d'avoir lu la première ébauche du livre, votre contribution a été grandement nécessaire et appréciée, le fait que vous ayez partagé votre histoire m'a beaucoup aidé à partager la mienne. À Jodie Michelle Lane, merci d'avoir relu ce livre et d'avoir partagé votre histoire avec moi.

À Micheal Hilton, merci d'avoir mis en place la Man Cave et de m'avoir aidé à m'approprier enfin mon histoire.

Je tiens également à exprimer ma plus profonde gratitude à ma famille pour son soutien, sa patience et sa persévérance au fil des ans.

Merci, maman et papa, d'être toujours là quand j'ai le plus besoin de vous et d'avoir une chambre prête quel que soit mon âge. Merci à

Norita, Shane et Anna Maria de m'avoir encouragé et de m'avoir donné des conseils qui m'ont aidé à suivre ma propre voie non conventionnelle.

Merci à tous mes amis, mentors et invités du podcast que j'ai eu le plaisir de connaître au fil des ans, ce livre n'aurait pas été possible sans vous tous.

Enfin, merci à Dina El Idrissi pour tous vos efforts pour traduire ce livre en français.

Merci à chacun d'entre vous.

Ce livre traite de la maladie mentale. Si ce livre soulève des problèmes pour vous, demandez une aide médicale à votre médecin traitant ou à un psychiatre qualifié. C'est le premier pas que j'ai fait sur la voie de la guérison.

Ce livre a été écrit dans l'intention de vous montrer le chemin que j'ai parcouru dans la vingtaine pour transformer mon traumatisme en une force positive dans ma vie.

J'espère sincèrement que ce livre vous aidera à trouver votre propre chemin dans la vie et à utiliser les obstacles et les défis que la vie vous réserve inévitablement.

En écrivant ce livre, j'espère jouer mon rôle pour mettre fin à la stigmatisation et normaliser la conversation lorsqu'il s'agit de parler de notre santé mentale et de notre bien-être.

Si vous souhaitez en savoir plus sur la manière dont vous pouvez contribuer à créer les conditions propices à une conversation positive en Irlande, consultez le magnifique travail réalisé par See Change Ireland : https://seechange.ie

Sommaire

Chapitre 1: La semaine en enfer 1

Chapitre 2: Le label 11

Chapitre 3: Fond Rocheux- Où commence votre vie 18

Chapitre 4: Le pouvoir illusoire des mots 22

Chapitre 5: Découvrir mon propre langage 29

Chapitre 6: L'imagination - elle n'est pas facultative 37

Chapitre 7: Ce sur quoi vous vous concentrez s'élargit 45

Chapitre 8: Le côté positif des illusions 54

Chapitre 9: Changement d'habitudes 63

Chapitre 10: Rompre le cycle réactif 71

Chapitre 11: Un livre par jour 81

Chapitre 12: Recabler votre cerveau 87

Chapitre 13: Je serai heureux quand 90

Chapitre 14: Un monde neutre 94

Chapitre 15: Apprentissage en ligne 98

Chapitre 16: Sortir de ma zone de confort 106

Chapitre 17: Remettez en question vos convictions limitatives 115

Chapitre 18: Soyez Là maintenant 120

Chapitre 19: L'espace 125

Chapitre 20: Le pouvoir des mentors 135

Chapitre 21: Méfiez-vous de la pensée de groupe 140

Chapitre 22: Posez de meilleures questions 146

Chapitre 23: Le pouvoir de la vulnérabilité 152

Chapitre 24: Une vie motivée par un but 158

Chapitre 25: Découvrez ce qui vous tient à cœur 162

Chapitre 26: La boucle est bouclée 166

Chapitre 27: Utilisez vos propres mots 171

Annexe 181

Taking My Life Back

Chapitre 1

LA SEMAINE EN ENFER

"La seule différence entre le génie et la folie est que le génie a ses limites."

- Albert Einstein

Franchir la ligne

Une partie de moi savait que je dérivais dangereusement près des limites de ma santé mentale. Lorsque je repense à ce qui s'est passé près d'une décennie plus tard, certains souvenirs clés m'ont marqué jusqu'à ce jour.

Je commençais à peine à prendre conscience que ma pensée devenait irrationnelle, et je perdais lentement le contact avec la réalité alors qu'il était trop tard.

Comme mes pensées devenaient de plus en plus erratiques et les histoires de plus en plus convaincantes, je commençais à faire l'expérience directe de la fine frontière qui existe entre la raison et la folie.

À chaque instant, je commençais à sentir la proverbiale veste droite se resserrer autour de moi alors que je luttais en vain pour me libérer de mon esprit désormais incontrôlable.

Alors que j'écrivais mes pensées dans un de mes courants de conscience, je pouvais clairement voir que ma pensée devenait de plus en plus confuse au point que je me prévenais de m'arrêter à la troisième personne.

Cela m'a fait complètement flipper et j'ai décidé d'arrêter, mais le mal était déjà fait, il était trop tard pour faire demi-tour. Mes pensées avaient déjà pris une vie propre et il était impossible d'arrêter l'élan maintenant.

Messages de la télévision

Le premier grand signe d'avertissement que quelque chose avait changé dans mon cerveau s'est produit alors que j'étais assis à regarder le film Océans 11 avec certains des élèves. Il arrivait vers la fin de mon stage d'assistant d'enseignement en France.

Mon français était alors à un niveau proche de la langue maternelle et j'avais également commencé à parler l'espagnol et l'italien. Quelques mois auparavant, j'avais découvert le piratage linguistique et j'avais entraîné mon cerveau à sortir des sentiers battus et à combiner des modèles de façon nouvelle.

J'ai été inspiré et très passionné par les langues. Je m'y suis jetée et pendant 3 mois, je me suis complètement immergée dans mon travail.

Émotions non résolues

Ces mois ont été un tourbillon d'émotions, car j'ai ressenti de la colère, de la frustration et de la passion en même temps. J'avais une telle passion pour le piratage linguistique, mais cela avait aussi réussi à déclencher une énorme quantité de colère et de ressentiment que je nourrissais à l'égard du système éducatif.

De nombreuses autres choses se déclenchaient également en moi, y compris les étudiants qui me considéraient comme paresseux parce qu'ils ne considéraient pas le travail mental comme un "vrai travail". Cela semblait également mettre à nu les ressentiments que je nourrissais à l'égard de personnes qui, selon moi, avaient tenté de définir ma personnalité de manière négative ou même de personnes que j'ai découvertes et qui avaient raconté des mensonges éhontés à mon sujet dans mon dos.

Isolement rural

À ce stade, je vivais dans une région reculée de France et je commençais à passer de vastes portions de mes week-ends seul. Cela ne me dérangeait pas, car j'étais concentré à déchiffrer le code de la langue et à devenir polyglotte.

Cependant, à cette époque, mon cerveau avait une énorme tendance à ruminer et à s'attarder sur le passé, mais il n'avait jamais eu autant de temps et d'espace pour ruminer auparavant. Avec le recul, c'était une recette pour le désastre, mais à cette époque, je vivais dans une ignorance presque totale de la façon dont mon cerveau et mon esprit fonctionnent.

La première hallucination subtile

Alors que je regardais Océans 11, quelque chose a changé dans mon audition. Le changement était si subtil qu'il est difficile de trouver les mots justes pour décrire ce qui a réellement changé.

Une minute, je regardais le film comme si c'était un film comme un autre et la minute suivante, j'ai commencé à entendre un code secret qui jouait derrière les mots du film.

Il semblait être toujours là, mais je ne l'avais jamais remarqué auparavant. Les personnages à l'écran me parlaient de manière indirecte. Mon cerveau commençait à interpréter le dialogue du film comme étant directement lié à ma vie.

Se concentrer sur le sens et non sur les mots

C'était très subtil, rien n'avait changé dans les mots prononcés, l'intrigue du film était toujours la même mais le sens derrière les mots était fondamentalement différent.

Le film a été superposé. À un niveau, il y avait le film et à un autre niveau, les acteurs me faisaient savoir ce qui se disait dans mon dos, et ils me faisaient aussi savoir ce qui se passait dans ma vie maintenant et ce qui allait se passer dans le futur.

Mon cerveau interprétait ce qu'ils disaient de manière métaphorique, ce qui signifiait que peu importe les mots qu'ils utilisaient spécifiquement, ils pouvaient toujours être liés à ma vie.

C'est le sens qui compte et non les mots spécifiques. C'est en me concentrant sur le sens plutôt que sur les mots spécifiques que j'ai pu commencer à pirater les langues étrangères quelques mois auparavant.

Je ne savais pas quoi penser, cela semblait réel, et j'étais conscient que j'étais le seul à le remarquer. Si j'avais essayé d'expliquer ce changement à quelqu'un d'autre, il m'aurait pris pour un fou, alors j'ai gardé pour moi ce premier changement de perception.

L'altération progressive de mon monde connu

Jusqu'à ce que j'assiste à la fête d'anniversaire d'un ami, des signes montraient que tout n'allait pas bien, mais je n'étais pas encore arrivé au point où je devais envoyer un SOS pour une aide urgente.

Le changement de ma perception du cinéma s'est progressivement répercuté sur d'autres programmes. J'interprétais maintenant les événements mondiaux négatifs et positifs dans les journaux et à la télévision comme se produisant à cause de moi.

Mes interactions avec les autres étaient la prochaine chose à changer. Chaque conversation que j'avais ou que j'entendais concernait ma personne, même si les mots n'étaient pas du tout pertinents, mon cerveau les interprétait de cette façon.

À cette époque, mes sens étaient exacerbés et, lors de mon dernier week-end dans ma chambre, je m'étais convaincu que quelqu'un essayait de s'introduire dans ma chambre. Lorsque personne n'était là et que je suis retourné dans ma chambre, le moindre bruit m'a mis sur les nerfs pour le reste de la nuit.

L'alcool - le point de basculement

Un verre de bière est ce qui m'a finalement fait basculer. Je n'avais pas bu d'alcool depuis deux semaines, mais dès que j'ai commencé à boire ma première bière, l'enfer s'est déchaîné dans ma tête.

Jusqu'à ce moment, mon cerveau était très sensible au danger et il interprétait tout de manière égocentrique. Bien que ce fut une expérience difficile et déroutante, j'ai pu fonctionner et continuer ma journée. Tout cela a changé lorsque les voix sont apparues.

Les voix contrôlantes

Au début, les chuchotements étaient sporadiques. J'avais l'impression que quelqu'un me murmurait à l'oreille, mais en regardant autour de moi et en constatant que tout le monde se comportait normalement, j'ai commencé à réaliser que quelque chose n'allait pas.

Les voix devenaient de plus en plus fortes et agressives, j'avais toujours l'impression que ces voix ne venaient pas de l'intérieur de ma propre tête.

Elles étaient intrusives, jugeaient et étaient implacables. Je pensais toujours qu'elles venaient de l'extérieur, ce qui ne ressemblait pas au narrateur de ma vie intérieure.

Je ne pense pas que j'étais conscient du narrateur dans ma tête à l'époque, mais j'entendais plusieurs voix de la même manière que vos oreilles percevaient les gens qui vous parlaient et vous criaient dessus. Ces voix étaient menaçantes et totalement terrifiantes à écouter.

Alors que je me précipitais vers la salle de bain et que les voix me suivaient, je savais que j'avais de sérieux problèmes. Il n'y avait pas de distance entre les voix et mon sentiment d'identité, elles m'avaient complètement dominé.

Dans un esprit rationnel, lorsqu'une pensée consciente ou un ensemble de pensées conscientes vous entrent dans la tête, vous savez intuitivement que vous avez la liberté de les accepter, de les rejeter ou même de les ignorer.

Vous pouvez parfois vous sentir mal à l'aise avec le type de pensées qui vous viennent à l'esprit, mais vous arrivez généralement à les poursuivre et à les ignorer.

Tant que vous ne commencez pas à croire et à intérioriser les pensées, vous savez que ces pensées ne peuvent pas vous faire ce que vous ne voulez pas faire, et qu'elles ne peuvent pas vous intimider.

Vous savez que les pensées sont impuissantes sans action. Cette partie de mon cerveau avait en quelque sorte disparu, et j'étais dans une merde sans pagaie.

Je marche tout seul...

Je suis resté à la fête pendant une nuit et demie le lendemain. Le lendemain, tout était flou pour moi, car certaines des personnes avec lesquelles j'étais m'ont demandé si j'allais bien et si j'avais pris de la drogue.

Bien que la nuit ait été floue entre les hallucinations auditives et visuelles, je peux me souvenir de certaines des pensées et des émotions que j'ai ressenties. Je me souviens avoir été terrifiée lorsque les voix sont apparues. Ensuite, j'ai ressenti la confusion et le sentiment d'être complètement seul au monde. J'ai également ressenti un énorme regret lorsque j'ai cru que j'étais mort.

Je me souviens d'avoir pensé que des gens complotaient contre moi. Les chambres étaient également différentes de ce qu'elles étaient à l'origine lorsque je suis arrivé à la fête. Une personne ressemblait à la faucheuse. Des théories de conspiration me trottaient dans la tête, tandis que les paroles d'une chanson de Green Day "Je marche seul..." résonnaient dans mes oreilles. Je me souviens d'avoir appelé mes parents à l'aide et d'avoir parlé à cent miles à l'heure.

Certaines de mes hallucinations avaient une connotation religieuse. L'hôte avait un serpent de compagnie qui me rappelait le jardin d'Eden. À un moment donné, j'étais le Messie et je pensais que les gens me trahiraient et finiraient par me tuer aussi parce que j'en savais trop sur le fonctionnement du monde.

J'ai appris plus tard, en lisant Brain on Fire de Susannah Cahalan, que ce genre de pensées et d'émotions peut provenir d'une surstimulation des lobes temporaux du cerveau, la partie qui abrite l'hippocampe et l'amygdale qui sont responsables des émotions et de la mémoire.

Une fausse réalité

Ce ne sont pas seulement mes pensées conscientes qui ont été altérées, c'est toute ma perception. J'étais piégé dans une fausse réalité où je ne pouvais pas faire confiance à mes sentiments, ma pensée, mon ouïe ou ma vue - ma perception de la vie elle-même.

Quelques jours plus tard, j'étais dans un avion de retour de France. Alors que l'une des enseignantes me conduisait à l'aéroport, j'ai eu des hallucinations: elle disait des choses étranges, enfreignait les limitations de vitesse et me disait que la police fermait les yeux sur les enseignants de l'école.

Rentrer chez soi...

Lorsque je suis arrivé en Irlande, mon expérience m'a tellement troublé que je me suis demandé où j'avais passé l'année dernière.

Je me suis dit qu'aucun membre de ma famille ou de mes amis n'avait vu les gens avec qui j'étais en France. Je me suis demandé si tout cela n'était pas le fruit de mon imagination, que peut-être l'école n'existait même pas et que j'avais passé l'année seule dans la nature.

Tout cela était flou, au début j'essayais de donner un sens à tout cela avec ma pensée. J'essayais de donner un sens à une réalité surréaliste et déformée avec les mêmes types de pensées qui la créaient. Heureusement, j'ai fini par réaliser la futilité de tout cela.

Qu'est-ce que la réalité?

Il est difficile de transmettre vraiment ce qu'a été cette expérience à quelqu'un qui n'a pas vécu une expérience similaire. Comme je l'ai mentionné, ce n'est pas l'expérience de mon esprit conscient qui m'a simplement raconté un tas de mensonges que je croyais innocemment.

Au contraire, dans ces moments-là, ma perception de la réalité avait été fondamentalement modifiée et mon cerveau essayait de donner un sens à ce qui se passait tout en jouant son rôle dans la création de cette nouvelle réalité.

J'avais l'impression d'être dans un autre royaume, totalement immergé dans la folie de mon inconscient. Je n'avais pas de mots pour décrire ce que je vivais et je n'avais aucune idée de ce que l'avenir me réservait maintenant.

Mais ce que je savais, c'est que je ne pouvais pas ne pas voir ce que je venais de voir. Soit ma vie allait suivre un chemin très sombre et morne, soit je parviendrais d'une manière ou d'une autre à me créer une voie édifiante à partir des leçons que le chaos avait l'intention de m'enseigner.

Chapitre 2

LE LABEL

" Ce que vous résistez non seulement persiste mais s'accroîtra en taille. "

- Carl Jung

Arriver chez soi de la France

J'ai été soulagé qu'enfin, un professionnel ait pu me dire que ce que j'avais vécu ces deux derniers jours était en fait très réel.

Je venais de rentrer de France quelques jours plus tôt. Entre les hallucinations visuelles et auditives, je suis surpris d'avoir pu rentrer chez moi en un seul morceau.

Le plus frustrant quand on a un problème avec son cerveau, c'est qu'il se joue complètement dans sa propre tête.

Au début, personne ne vous croit ou, si c'est le cas, ils pensent que vous êtes drogué ou que vous dramatisez trop. Personne ne peut comprendre à quel point c'est grave. Je veux dire comment pouvaient-ils le savoir; je ne savais même pas moi-même que c'était possible.

Mon cerveau en avait assez et maintenant, j'avais l'impression qu'il s'était retourné contre moi. Pour ce que j'en savais, la réalité du Salvador Dali dans laquelle j'avais réussi à me retrouver était peut-être celle à laquelle le reste de ma vie allait ressembler.

Un cauchemar éveillé

Jamais, dans mes rêves les plus fous, je n'ai pensé que le fait de prendre ma santé mentale pour acquise pourrait me conduire ici.

Lorsque j'ai finalement vu un psychiatre, son évaluation a mis en lumière le fait que mon cerveau était dans un état de psychose.

Au début, je n'ai pas beaucoup réfléchi à ce que cela signifiait, j'étais trop à l'écart à ce stade, ne sachant plus quoi croire.

Je vivais avec des hallucinations auditives et visuelles depuis près d'une semaine à ce moment-là, ma paranoïa me nourrissait de toutes sortes d'histoires, et j'étais complètement désillusionné par tout et par tout le monde.

Rebondir entre la manie et la dépression

En plus de cela, les émotions que je vivais étaient un mélange de manie et de dépression. À un moment donné, je me sentais au sommet du monde avec l'esprit le plus clair, et à l'instant suivant, un nuage noir était suspendu au-dessus de moi et le monde voulait me prendre au piège et me ridiculiser.

Une fois que j'ai reçu le bon médicament antipsychotique (Abilify), les hallucinations ont disparu presque immédiatement. L'extrémité de mes émotions a également diminué.

Cependant, les souvenirs sont restés en moi, et j'ai fonctionné comme un zombie terrifié et confus par ma réalité pendant un certain temps après cela.

La peur de la stigmatisation sociale

Je gardais toutes ces émotions enfermées à l'intérieur. J'avais tous ces doutes sur ma santé mentale à long terme, à un moment donné, je craignais de présenter des signes précoces de schizophrénie.

Pendant longtemps, j'ai gardé toutes ces émotions et ces pensées pour moi, je ne voulais pas que la stigmatisation sociale n'aggrave ma situation.

C'était l'Irlande en 2010, une époque où il n'y avait pas encore de conversations sur la santé mentale dans le courant dominant.

J'avais peur que si quelqu'un savait ce qui m'était arrivé, cela affecterait mes perspectives d'emploi et même mes chances de garder et de me faire des amis.

Avec le recul, je suis heureuse d'avoir gardé mes émotions et mes pensées pour moi. J'avais besoin de quelqu'un en qui je pouvais avoir confiance et qui pouvait réellement comprendre ce que j'avais vécu.

Une compréhension qui ne soit pas purement théorique, mais qui soit fondée sur l'expérience. Je n'aurais pas été capable de distinguer une telle personne avec l'espace de tête dans lequel je me trouvais à ce moment-là.

Les mots antipsychotique et épisode psychotique

Au début, lorsque l'épisode psychotique s'est produit, j'ai dépensé toute mon énergie à essayer d'exploiter ma volonté pour me rendre meilleur. Prendre des médicaments était la dernière chose que je voulais faire.

Ma logique était que si je ne prenais pas de médicaments, cela n'arriverait jamais, que je ne suis pas et que je n'aurais jamais à faire face aux mots "épisode psychotique" et "médicaments antipsychotiques".

Heureusement, j'ai commencé à réaliser que le problème avec les fous est qu'ils ne se rendent pas compte qu'ils sont fous. Accepter que j'avais un problème m'a ouvert les portes pour recevoir de l'aide.

Je n'étais pas censé boire de l'alcool pendant que je prenais des médicaments. À cette époque, je ne pouvais pas imaginer fonctionner dans un cadre social sans une goutte d'alcool.

L'un des effets secondaires des médicaments était que je me sentais souvent léthargique et sans énergie et que j'avais souvent besoin de faire une sieste pendant la journée.

Si la prise de médicaments était difficile pour mon corps sur le plan physique, elle était encore plus difficile à accepter sur le plan mental et émotionnel.

Le côté sombre de la vie dans l'ignorance

Je pense que la partie la plus difficile à gérer mentalement pour moi a été le langage utilisé pour décrire mon état.

Imaginez qu'en l'espace d'une semaine, vous passiez d'une personne qui s'identifie comme un être humain "normal" et qui fonctionne bien à un besoin soudain de traiter et de donner un sens à des mots comme "épisode psychotique" et "antipsychotique".

Lorsque mon esprit a pensé à ces mots, il a immédiatement vu des images de camisoles de force, de personnes "folles", de personnes en convulsions et même de traitements par électrochocs.

Mon esprit n'avait aucun moyen de séparer une personne de son état lorsqu'il s'agissait de problèmes de santé mentale. Je n'ai rien appris de tout cela à l'école, et j'étais à ce stade un diplômé de l'université.

Il était facile pour moi de voir qu'une personne n'est pas sa jambe cassée. Si quelqu'un se cassait une jambe, je n'avais pas de cadre de référence pour les autres personnes qui se référaient à quelqu'un comme étant le gars ou la fille qui s'était cassé la jambe.

Par contre, j'avais en tête des cadres de référence pour les personnes qui désignaient d'autres personnes comme la personne qui s'est cassée ou la personne qui est fou.

Voir mon état temporaire comme étant moi-même

À l'époque, tous ces mots représentaient une réalité que je refusais de reconnaître et encore moins de me permettre de vivre.

Une réalité où certains me qualifiaient de fou dans mon dos et une réalité où je vivais de manière sédative pour engourdir et ignorer la douleur. J'ai donc pris mes médicaments et j'ai quitté ce monde aussi vite que j'y suis entré.

Il était clair pour moi que dans ce monde, je me voyais à travers la lentille de mon état et que je ne me remettrais jamais complètement tant que cette perception resterait en place.

Rompre avec mes limites prédéfinies

Je n'ai pas cherché de conseils et je n'ai pas cherché quelqu'un pour m'expliquer mon expérience. À ce stade, j'en avais plus qu'assez de laisser le monde extérieur définir qui j'étais.

Ne vous méprenez pas, je suis très reconnaissant au psychiatre et aux médicaments qui ont rééquilibré mon cerveau.

J'ai été l'un des chanceux, le premier médicament qu'il m'a prescrit a fonctionné. Mais il n'y avait pas d'esprit humain ici, juste un diagnostic, un pronostic et des médicaments.

Mon intention était de me rétablir complètement et de voir cela comme une opportunité de construire ma vie sur des bases solides cette fois-ci.

Ne jetez pas le bébé avec l'eau du bain

À ce stade, il est important de mentionner que lorsque j'étais dans cet état des plus vulnérables et des plus impuissants, mon premier réflexe a été d'essayer d'en sortir le plus rapidement possible et d'oublier ce qui s'était passé.

Mais en fermant les yeux et en acceptant la façon "normale" de percevoir la maladie mentale comme un squelette à garder fermement enfermé dans le placard, j'aurais perdu tant de précieuses leçons et idées.

Ces leçons m'ont appris plus sur la vie et le potentiel humain que 18 ans d'éducation formelle.

Chapitre 3

FOND ROCHEUX- OÙ COMMENCE VOTRE VIE

"Le fond rocheux est devenu la base solide sur laquelle j'ai reconstruit ma vie." - J.K. Rowling

En partant du fond rocheux

L'avenir s'annonçait très sombre et morne. J'ai ressenti beaucoup de peur, de honte et d'embarras. Je me sentais faible, différente et isolée; l'option la plus facile aurait été de renoncer à l'espoir. Mais dans l'obscurité, quelques fissures de lumière ont commencé à apparaître.

L'une de mes premières pensées autonomisantes a été que *vous pouvez utiliser cela pour vous rendre plus fort si vous voulez le voir de cette façon.* Ensuite, *si l'esprit humain est invaincu, il est temps pour moi de le tester par moi-même.* Une autre était: *qu'est-il arrivé à ce garçon qui était imaginatif et aimait apprendre et créer?*

Libération de quelques vieilles pensées

À un moment donné, je suis devenu l'ombre de moi-même sans vraiment me rendre compte de ce qui m'arrivait. Je me suis dit que si j'étais ce garçon une fois, je pourrais trouver un moyen de renouer avec lui.

Dans toute autre situation, j'aurais laissé mes insécurités effacer ces pensées aussi vite qu'elles m'étaient venues à l'esprit. Pendant de nombreuses années, j'avais laissé mon environnement faire ressortir mon côté cynique, mais j'étais au plus bas et j'en avais assez que mon esprit me tyrannise. J'étais persuadé que quelque chose allait fondamentalement changer pour le mieux.

Alors pour la première fois depuis des années, j'ai rassemblé assez de courage pour dire à mes pensées les plus insécurisées et les plus paralysantes de se tirer. J'ai alors décidé de me donner pour mission de comprendre mon esprit et mon cerveau comme jamais auparavant.

Le pouvoir d'un esprit curieux

Le mot "p" combiné à la puissance d'une recherche Google m'a permis de mener ma propre enquête et de faire mes propres recherches. C'était ma première étape sur le chemin qui me permettrait de devenir un apprenant autodidacte. C'était une tâche intimidante et écrasante à entreprendre.

En ce qui concerne mon éducation, j'avais largement intériorisé l'esprit de la cuillère, en raison d'un manque de motivation et de désir d'apprendre.

Après des années à réprimer ma curiosité par peur, elle me conduirait à l'égarer, au moment où j'ai touché le fond, j'avais enfin décidé qu'il était temps de la libérer.

Psychose et anti-fragilité

Je suis conscient que la plupart des gens n'ont pas tendance à aborder la maladie mentale avec le désir d'en tirer des leçons et de s'épanouir.

Au début, moi non plus. La maladie mentale et la notion d'anti-fragilité ne vont pas de pair.

Mon expérience de la psychose a été profondément traumatisante et accablante, mais j'avais pris la ferme décision que cette expérience allait me faire plutôt que de me briser.

Cette décision m'a permis de me concentrer assez rapidement sur la résolution des problèmes plutôt que de rester bloqué dans le problème ou même de faire marche arrière. Parmi les premières choses auxquelles j'ai également accordé plus d'attention, il y a eu ma relation avec les étiquettes.

Ma relation avec les labels

En grandissant, je détestais les étiquettes avec passion. Les étiquettes sont souvent utilisées comme un moyen paresseux pour l'esprit noir et blanc archaïque de donner une sorte de sens au monde sans avoir à consacrer du temps et de l'énergie à la compréhension des nombreuses nuances subtiles de la vie.

Pour vous donner un aperçu des raisons pour lesquelles j'ai commencé ici et pourquoi j'ai considéré le changement de mentalité comme une option viable, je vais d'abord vous ramener à la relation que j'ai développée avec les étiquettes et comment j'ai involontairement créé une mentalité fortement résistante à leur égard quand j'étais jeune garçon.

Chapitre 4

LE POUVOIR ILLUSOIRE DES MOTS

"La stylo est plus puissant que l'épée."

\- Edward Bulwer-Lytton

Mots creux

La plupart des gens ont déjà entendu l'expression "les bâtons et les pierres peuvent me briser les os, mais les noms ne me feront jamais de mal". Je l'ai souvent entendue dans la cour de récréation de l'école, mais je n'ai jamais cru honnêtement que les mots creux qu'on me disait étaient vrais.

Enfant, adolescent et jusqu'à l'âge adulte, je croyais que les mots avaient le pouvoir de définir qui je suis, de manière positive et négative.

Aujourd'hui encore, la nature trompeuse d'un mot me surprend. Pourquoi est-ce important pour moi de savoir comment mon titre de poste est perçu par les autres? Pourquoi un mot qui attire l'attention sur un "défaut" de ma personnalité ou de mon apparence physique est-il si profond?

Ma relation avec le mot étranger

Enfant, je n'avais pas l'air irlandais, je ne le suis toujours pas d'ailleurs, mais l'Irlande des années 1990 était un endroit différent, à une autre époque, et j'étais un enfant assez peu sûr de lui.

À l'époque, il n'y avait pas beaucoup de ressortissants étrangers. Ce n'est qu'au début des années 2000 que nous avons connu la première vague d'immigration avec l'entrée de la Pologne dans l'Union européenne.

Dans les années 1990, en Irlande, je me suis distingué par mon apparence. J'avais les cheveux foncés, les yeux bruns et un teint blafard pratiquement toute l'année. En gros, j'étais tout le contraire du stéréotype de l'enfant pâle, aux yeux bleus, aux cheveux roux et aux taches de rousseur.

J'ai souvent entendu des étiquettes comme "étranger" ou "chinois" pour me décrire. Le plus souvent, ces termes étaient utilisés dans l'intention de me rabaisser. Cela m'a conduit à développer un complexe malsain avec ces mots et ce qu'ils représentaient.

Vous n'avez pas votre place ici

Comme tout être humain, je suis arrivé ici sur cette terre avec le besoin primaire de me sentir à ma place. Cependant, il était difficile de croire que j'étais à ma place alors que le pays dans lequel j'ai grandi m'envoyait subtilement le message que je pouvais être à ma place quelque part mais pas ici.

Comme j'étais enfant à l'époque, je n'ai pas pu expliquer pourquoi je ressentais une telle colère et une telle rage bouillir en moi lorsque j'ai rencontré des gens qui se sentaient en droit de m'étiqueter ainsi.

Je ne pouvais pas verbaliser la colère et la rage d'une manière saine et je n'avais donc pas d'autre choix que de les avaler et de les réprimer.

Même enfant, je pensais qu'il était idiot et insignifiant de me concentrer sur ces choses, mais mon esprit avait d'autres idées.

Mon plus grand dysfonctionnement psychologique à l'époque se manifestait par mon besoin de m'intégrer autant que possible.

Mon pays me disait subtilement que je n'avais pas ma place ici dès mon plus jeune âge, alors j'allais faire tout mon possible pour lui prouver qu'il avait tort.

Ma relation avec le mot swat

Vers l'âge de 10 ans, une nouvelle étiquette a commencé à se glisser dans ma vie sous la forme du label "swat", qui signifie "geek". Une fois de plus, ce mot a réussi à s'insinuer dans ma peau et à mettre en évidence mon besoin de m'intégrer.

J'ai fait de mon mieux pour ajuster mes actions et mes comportements afin d'éviter que cette étiquette ne colle. Au fil du temps, cette décision s'est traduite par une perte d'intérêt pour l'éducation et l'école et mes notes sont devenues progressivement moyennes.

Culture d'esprit fixe

À mon avis, si vous voulez vous intégrer, la moyenne est la meilleure place. Pour être juste, le système éducatif lui-même ne m'a pas vraiment donné envie d'apprendre.

Ce n'est pas que j'avais de mauvais professeurs, certains étaient bons et d'autres pas, mais la principale chose qui m'a fait renoncer à l'éducation était cette culture de la mentalité figée qui semblait l'imprégner.

J'ai commencé à comprendre cette culture de la fixité d'esprit au début de mon adolescence, lorsque j'ai commencé à me demander quel était l'intérêt de l'école lorsque mes pairs semblaient apprécier quelqu'un qui pouvait obtenir de bonnes notes sans aucun effort.

Quelqu'un qui passait beaucoup d'heures à étudier pour obtenir une bonne note était considéré comme "geek", quelqu'un qui travaillait et obtenait quand même une mauvaise note était "pas brillant", quelqu'un qui n'étudiait pas et obtenait de mauvaises notes était en quelque sorte "cool" parce qu'il ne s'en souciait pas, tandis que quelqu'un qui ne semblait pas étudier beaucoup et obtenait de bonnes notes était considéré comme une sorte de "génie naturel".

Cette croyance selon laquelle le talent naturel doit être valorisé et l'effort sous-évalué ne fait que saper l'objectif de l'éducation et conduit à une mentalité fixe toxique et à une relation négative avec l'apprentissage. J'avais cet état d'esprit en abondance.

Le lien entre la douleur physique et psychologique

Vers l'âge de 16 ou 17 ans, me sentir étranger et différent est devenu moins problématique pour moi. J'étais une adolescente qui avait maintenant de l'acné à gérer. Au lieu de me sentir étranger ou d'être un "geek", l'acné est devenue la chose pour laquelle je me sentais gêné et en insécurité.

Plus je me concentrais sur le fait que c'était un problème pour moi, plus cela semblait s'aggraver, au point que j'avais besoin d'antibiotiques pour les kystes que j'avais développés en les choisissant et en étant obsédée par eux.

Mon expérience de l'acné a été la première fois que j'ai commencé à voir le lien entre la douleur physique et psychologique et ce fut mon premier aperçu du principe selon lequel tout ce à quoi vous résistez persistera et même s'amplifiera.

À l'époque, j'étais conscient que la tendance humaine à se concentrer sur les aspects négatifs était beaucoup plus facile, mais quelque part dans mon esprit, j'avais cette idée que peut-être se concentrer sur les aspects positifs pendant une période prolongée en vaudrait la peine.

Mon esprit conditionné par le négatif était beaucoup trop fort à ce moment-là pour prendre vraiment le temps de développer cette pensée.

Je n'étais pas conscient des propriétés curatives qu'un esprit silencieux pouvait apporter, j'aurais préféré me conduire à la distraction plutôt que de rester assis en silence avec mes pensées.

La vie vous arrive - si vous la permettez

Ce qui nous ramène à l'endroit où commence mon histoire. À l'âge de 22 ans, ma relation avec les étiquettes a atteint un point culminant et je ne pouvais plus nier qu'il y avait de sérieux problèmes à résoudre.

Il a fallu que les substances chimiques dans mon cerveau soient hors de contrôle pour que je m'arrête et que j'examine ma psychologie.

Avec le recul, je peux voir qu'une multitude de choses se sont produites en parallèle au cours de mes derniers mois en France, qui ont fini par aboutir à la psychose de mon cerveau.

Une concentration obsessionnelle sur mon travail, l'isolement, la déshydratation, un sommeil interrompu, une perte de poids et un manque général d'intelligence émotionnelle sont quelques-unes des principales choses qui m'ont marqué.

Cependant, je suis fermement convaincu que la vie m'arrive à moi et non à moi et qu'il y a toujours une cause profonde cachée quelque part.

C'est pourquoi j'ai choisi d'utiliser cette expérience comme une expérience d'apprentissage et cette simple décision est la source des leçons de ce livre.

Chapitre 5
DÉCOUVRIR MON PROPRE LANGAGE

"Les gens qui sont assez fous pour penser qu'ils peuvent changer le monde, sont ceux qui le font."

- Steve Jobs

La plupart des gens ne sont-ils pas normaux ?

Seuls les "fous" entendent des voix dans leur tête. J'ai toujours pensé que c'était vrai et, par conséquent, je croyais que les personnes "normales" n'entendaient jamais de voix dans leur tête.

Je pensais que la majorité des gens étaient "normaux" et que seule une infime partie d'entre eux étaient "fous".

J'y croyais parce que c'est ainsi que le monde m'est apparu. Je n'ai jamais vraiment eu de raison de creuser davantage, alors je croyais ce que je ne voyais qu'avec mes yeux.

Je n'avais pas encore entendu parler de la citation de Steve Jobs sur les fous. Mon image de la folie était sombre et aussi loin d'être agréable qu'on puisse l'être. Quand je pensais à la folie, je pensais à une dame aux chats folle ou à un ermite bizarre.

La vie et l'âme de la fête, les gens "naturellement doués" et "beaux" et les grands de ce monde étaient l'exact opposé de ces archétypes dans mon esprit.

Une série de questions inconfortables

Au début, je me suis senti comme un cerf pris dans les phares quand j'ai réalisé que les voix venaient de l'intérieur de ma tête. Je n'arrivais pas à me faire à l'idée de ce que cela signifiait pour moi.

Etais-je destiné à l'asile de fous? Deviendrais-je un zombie médicamenté jusqu'aux yeux afin de fonctionner normalement? Deviendrais-je maintenant un fardeau pour mes amis et ma famille? Quels amis aurais-je même? Les gens me regarderaient-ils différemment à partir de ce moment? Mais surtout, est-ce que je me regarderais différemment?

C'était le genre de questions qui me trottaient dans la tête à la vitesse de l'éclair, accompagnées de sentiments de gêne, de peur, de confusion et d'isolement. Plus je me divertissais et analysais ces questions, plus je me sentais mal.

J'avais aspiré à bien faire dans la vie, à être aimable, à réussir et à avoir une belle expérience de la vie, mais la vie m'a ensuite tendu une nouvelle main et m'a présenté une nouvelle réalité.

Je ne pouvais pas me mentir à moi-même et je n'étais pas assez bête pour croire que je pouvais simplement balayer cette expérience sous le tapis.

Aussi séduisant que soit le rôle du Grand Prétendant, prétendre que tout va bien pour le reste de ma vie ne me convenait pas.

Ralentissement

Face à des niveaux d'incertitude extrêmes, j'ai pris la décision de ralentir. En ralentissant, je fais référence à l'activité mentale plutôt qu'à l'activité physique.

Mon esprit était devenu si vif dans l'analyse et la recherche de sens dans les circonstances et dans les comportements des autres que c'était une nouveauté pour moi de penser que je pouvais rompre cette habitude.

Je ne savais même pas à l'époque qu'il s'agissait d'une habitude. J'étais comme le Titanic à qui l'on avait soudain donné une seconde chance de réajuster mon parcours, de ralentir et d'être l'homme du nid de pie cette fois-ci.

Les premières questions et hypothèses

Le fait de ralentir mentalement et de ne pas croire presque toutes les pensées qui me passaient par la tête a commencé à créer des espaces là où il n'y en avait pas auparavant.

Ces espaces étaient minimes au début, peut-être quelques millisecondes entre des pensées inconscientes qui, jusqu'alors, m'emprisonnaient complètement à l'intérieur.

Dans ces espaces, j'ai commencé à voir certaines des questions et des hypothèses qui se cachent derrière mes réactions automatiques.

Je commençais à voir que ce n'était pas l'événement ou la personne qui affectait directement ce que je ressentais. Au contraire, c'était ma relation avec elle et ma relation avec elle était régie par la façon dont j'y pensais.

Craindre la pensée de quelque chose

Avez-vous déjà redouté l'idée de faire un exposé devant une classe, de parler à de nouvelles personnes ou de parler une nouvelle langue?

J'ai vécu et je continue de vivre toutes ces expériences. Cependant, jusqu'au début de la vingtaine, je n'avais pas réfléchi sérieusement aux raisons pour lesquelles je me sentais si contrôlé par ces situations. Pourquoi certaines personnes survivent-elles à peine dans ces situations alors que d'autres semblent s'épanouir?

Je suppose que la réponse se trouvait dans les mots "redoutait l'idée". Il fut un temps où j'aurais expliqué ces anomalies en disant que certaines personnes sont tout simplement charismatiques par nature ou que certaines personnes sont plus confiantes parce qu'elles sont plus belles.

Mais en voyant le changement en moi et chez certaines des personnes dont je me suis entouré ces dernières années, je sais que ce n'est pas vrai.

Lorsque j'ai commencé à ralentir, grâce à mes intentions et à une certaine méditation, j'ai commencé à voir que mes questions et mes hypothèses contenaient les réponses que je cherchais.

L'esprit du singe inconscient

Quand je vivais inconsciemment à la petite voix dans ma tête, mes questions n'étaient jamais habilitantes quand j'étais dans ces situations et je me sentais nerveux et anxieux.

Les types de questions et d'hypothèses qui sous-tendent ces sentiments de nervosité et d'anxiété sont souvent des pensées du genre: *est-ce que je vais bien? ils savent que je n'en sais pas beaucoup, et si je me ridiculise? je ne veux pas que tout le monde parle de moi dans mon dos*

Toutes ces questions étaient négatives et égocentriques. Il n'est pas étonnant que je me sente gêné, anxieux et tendu avec ces questions qui me trottent dans la tête.

Lorsque j'ai commencé à remarquer le lien entre mes sentiments et la qualité de mes questions, j'ai commencé à me demander *ce qui se passerait si je changeais les questions?*

Je n'avais rien à perdre, je savais que je ne voulais pas rester dans ce trou noir de questionnement dans lequel je m'étais retrouvé après mon expérience de la psychose.

Le passage à un esprit de croissance

J'ai donc formulé mon hypothèse. Si mon cheminement commence par ma question et que celle-ci détermine ce sur quoi je me concentre, alors *que se passerait-il si je changeais la question pour quelque chose de plus responsabilisant? Est-ce que je commencerais à me sentir plus optimiste et à faire de meilleurs progrès dans ma vie*

Cela a commencé petit à petit, mais avec le temps, en me posant consciemment de meilleures questions, je suis devenu moins réactif et moins gêné.

Au fur et à mesure que les choses ont commencé à changer, j'ai généralement commencé à me sentir mieux dans ma peau, j'ai pu mieux me concentrer et j'étais plus disposé à expérimenter et à essayer de nouvelles choses.

Lorsque quelque chose ne se passait pas comme prévu, après avoir surmonté ma déception initiale, je me demandais plus souvent que puis-je apprendre de tout cela?

Lorsque je me sentais nerveux ou gêné dans une situation, je m'interrogeais de moins en moins avec des questions comme *pourquoi dois-je être nerveux dans cette situation? comment puis-je changer cela? qu'est-ce qui ne va pas chez moi?*

Au lieu de cela, j'ai commencé à retourner la situation et à poser des questions comme: *qu'y a-t-il de mal à se sentir nerveux? pourquoi me juger et résister à ce sentiment? et si mon corps est intelligent et qu'il travaille pour moi à tout moment? qu'est-ce que mon corps essaie de me dire à travers ces sentiments?*

Un effort différent, un résultat différent

En me posant une série de questions différentes et en me concentrant sur une nouvelle direction, mes actions et mes comportements ont également commencé à changer progressivement.

J'ai commencé à écrire et à bloguer en ligne et j'ai pris l'habitude de lire, de parler et de mettre en œuvre des idées.

Même si la majorité de mes idées n'allaient nulle part ou ne créaient pas beaucoup d'impact, je changeais progressivement d'orientation et de rapport à l'échec, ce qui était énorme pour moi.

Avec ces nouvelles questions, j'étais plus disposé à faire face à l'incertitude, à essayer de nouvelles choses et, d'une manière générale, à avoir une meilleure expérience de la vie.

Je ne redoutais plus les questions automatiques qui me donnaient l'impression de me dégonfler pendant des jours après un échec apparent.

Un vrai sentiment d'espoir

J'ai commencé à réaliser que mes sentiments avaient très peu à voir avec la situation à laquelle je faisais face et tout à voir avec les questions et les types de pensées que j'avais sur la situation.

Maintenant, il y avait un réel espoir. Vous ne pouvez pas toujours changer la situation dans laquelle vous vous trouvez et vous ne pouvez certainement pas changer une autre personne, mais vous pouvez toujours prendre la décision de trouver et de changer la question qui est à la base de votre discours sur vous-même et sur ce sur quoi vous vous concentrez.

Chapitre 6

L'IMAGINATION - ELLE N'EST PAS FACULTATIVE

"La connaissance vous mènera de A à B. L'imagination vous mènera partout."

-- Albert Einstein

Cacher mon imagination

Enfant, j'avais une imagination débordante dont je n'avais pas encore appris à avoir honte. J'étais fasciné par les dessins animés et les dessins. J'aimais m'imaginer vivre dans ces mondes animés où tout semblait possible.

Cela contrastait fortement avec le monde "réel" avec ses nombreuses limites et règles imposées. J'ai beaucoup dessiné, principalement des animaux et des personnages de dessins animés. J'accrochais parfois mes dessins sur le mur de ma chambre.

J'ai grandi en regardant Don Conroy, un dessinateur de dessins animés à la télévision pour enfants. J'étais fasciné par la qualité de ses dessins et je me souviens que je voulais devenir dessinateur de dessins animés quand j'étais petit.

Me faire dire que ce n'était pas un cheminement de carrière viable pour moi était la première fois que je me souviens d'avoir intériorisé la fausse croyance selon laquelle d'autres personnes détermineront à jamais ce que je peux et ne peux pas faire de ma vie.

Oublier ma nature artistique

En vieillissant, la honte a commencé à s'installer autour de mon côté artistique. Personne ne semblait prendre l'art ou l'écriture au sérieux.

Au fil des années, je me suis de plus en plus désintéressé de tout ce qui était de nature artistique. Je ne voulais pas m'améliorer dans l'art ou l'écriture parce que cela ne semblait pas avoir de valeur ou de but pratique dans le monde où j'ai grandi.

J'étais plus intéressé par le football, alors j'ai laissé cet intérêt prendre le dessus. J'aimais jouer au football et cela semblait aussi me valoir un certain respect de la part de mes pairs.

J'avais le sentiment que l'art et l'écriture ne me laisseraient que peu de place pour les taquineries, alors ils se sont mis en retrait.

La langue comme sortie de ma créativité

À l'adolescence, la langue est devenue mon seul exutoire créatif, car j'ai provisoirement choisi d'étudier le français à l'université. À l'époque, même quelque chose d'aussi simple que le choix de combiner le français avec mon diplôme de commerce a réussi à me mettre mal à l'aise.

À l'époque, j'étais souvent gêné dans mon discours et je sentais que je devais justifier cette décision auprès des personnes qui ne comprenaient pas pourquoi le choix d'étudier le français avait un sens pratique.

Il y aura toujours quelqu'un qui pensera que l'un de vos choix n'a pas de sens, mais je n'en étais pas conscient à l'époque.

En suivant mes cours de français, je me suis parfois demandé pourquoi j'étais là. Je me souciais davantage de l'opinion des autres que de la mienne. À l'époque, si vous m'aviez dit cela, je l'aurais nié de manière flagrante.

Paranoïa - mon imagination déguisée

Lorsque j'ai vécu mon expérience de la psychose, j'ai traversé des périodes de paranoïa paralysante. Cette paranoïa était insidieuse car j'avais l'impression de découvrir soudain des vérités absolues que j'avais ignorées toute ma vie.

Imaginez que vous êtes Indiana Jones découvrant des trésors cachés au bout de tunnels extrêmement sombres et dangereux.

Il y a eu de nombreux moments de *cela a un sens maintenant,* et *comment ai-je pu manquer cela?* Je n'avais jamais eu ce genre d'expérience auparavant, alors je me suis retrouvé à essayer de donner un sens à ce qui m'arrivait et à être complètement confus dans le processus.

La paranoïa me semblait réelle et justifiable, elle n'était pas le fruit de mon imagination, elle semblait être la vérité et c'était d'autres personnes qui ne voyaient pas les choses clairement.

A l'époque, je ne savais pas à quel point mon imagination pouvait être puissante. J'avais naïvement cru que je l'avais laissée derrière moi il y a longtemps, alors que je devenais un "adulte responsable".

Je n'avais associé l'imagination qu'à un outil que les artistes talentueux pouvaient utiliser sur appel pour créer une œuvre d'art, mais je découvrais que notre imagination et notre capacité à raconter des histoires fascinantes font intrinsèquement partie de ce que nous sommes en tant qu'êtres humains, que nous choisissions de le reconnaître ou non.

Le bloc de jenga bancal

Il était difficile de sortir de la paranoïa, car il y avait souvent une leçon cachée sous le chaos.

Les nombreuses fois où j'ai trahi mon intuition au sujet de certains individus et de certaines décisions que j'ai prises dans ma vie et qui ne correspondaient pas à ce que j'étais au fond de moi.

J'avais l'impression que toutes ces décisions apparemment petites et insignifiantes revenaient finalement me hanter.

En y repensant maintenant, je peux voir que le bloc de jenga bancal à la base de ma tour d'histoires était une image de soi que j'avais en quelque sorte construite dans mon esprit et qui était largement alimentée par ce que je pensais que les autres pensaient de moi.

Cela semble très méta avec le recul, mais à l'époque, cette façon de voir le monde était tellement ancrée en moi; je ne savais pas qu'il y avait une autre façon de vivre.

"Normal" est un mot relationnel

Tout au long de mon adolescence et jusqu'au début de mon âge adulte, j'ai cru que j'avais choisi de "grandir" et de renier mon imagination.

Je croyais que je n'étais pas vraiment si créatif et que je n'étais pas quelqu'un qui avait la tête dans les nuages. Du moins, c'est ce que je pensais que je devais penser de moi-même.

Je pensais que je m'intégrais, que je pensais rationnellement au monde qui m'entoure et que j'étais généralement "normal". C'est drôle comme j'ai voulu être "normal" pendant si longtemps sans jamais me poser de questions fondamentales comme *que signifie "normal"? Normal par rapport à qui?*

Lorsque vous commencez à poser ces questions, vous vous rendez compte que le mot "normal" n'existe pas dans le vide. Au contraire, le mot normal n'a qu'une signification spécifique dans le monde dans lequel vous vivez. Par conséquent, la seule personne qui a le pouvoir de définir la normalité pour vous, c'est vous.

Ce sont des questions et des réalisations comme celles-ci qui m'ont permis de continuer à suivre mon propre chemin face à des mots comme "pas normal" ou "bizarre" qui surgissent dans mon propre discours intérieur lorsque j'envisage de m'aventurer hors des sentiers battus.

Le don que m'a fait ma paranoïa

Il m'a fallu faire preuve d'une paranoïa extrême pour réaliser qu'avoir de l'imagination n'est pas facultatif. La principale leçon que j'ai tirée de ma paranoïa a été que mon imagination largement inexploitée avait construit l'image que j'avais de moi-même autour de ce que je pensais que les autres pensaient de moi.

Ma paranoïa n'aurait pas existé si mon imagination n'avait pas réussi à créer une image de soi qui se construisait sur des choses qui échappaient complètement à mon contrôle.

Bien que ce fut une expérience tortueuse, la période la plus confuse de ma vie et que je ne souhaite plus jamais la revivre, mon expérience de la psychose a également été un don car elle m'a réveillé à ma créativité et à mon imagination inexploitées et m'a donné la possibilité de les utiliser consciemment au lieu de les laisser inconsciemment continuer à m'utiliser.

Il existe un dicton en matière de développement des compétences qui dit que *'"soit on s'en sert, soit on le perd"*. Lorsqu'il s'agit de créativité et d'imagination, mon mantra est *"soit vous l'utilisez, soit il vous utilise"*.

Renouer avec mon imagination à l'ère du numérique

Trouver des débouchés pour ma créativité et mon imagination a fait des merveilles pour ma santé mentale et mon sentiment d'appartenance.

Jusqu'à ce que je commence à écrire, à coder et à parler sur mon podcast, je me sentais comme une cocotte-minute, bouillonnant lentement de colère et de ressentiment envers un monde que je ne comprenais pas et qui, selon moi, n'avait pas pris le temps de me comprendre vraiment.

Aujourd'hui, j'ai fait un effort conscient pour concentrer mon énergie créative sur l'écriture et la construction de choses pour moi et mon public. Apprendre à coder m'a aidé à aiguiser mes compétences créatives à l'ère du numérique. Cela m'aide aussi à me concentrer, à penser de manière plus logique et à aborder un problème à la fois. J'aime construire quelque chose à partir de rien, apprendre par essais et erreurs et voir quelque chose que j'ai créé grandir et évoluer. Cela m'a permis d'avoir moins peur de l'échec et de me soucier moins de ce que les autres pensent de moi.

La création d'un podcast m'a donné un exutoire pour les conversations plus profondes et plus significatives auxquelles j'aspire depuis l'enfance. Dans un monde où très peu de gens semblent s'écouter les uns les autres, l'écriture, le codage et le podcasting sont les outils que j'utilise pour exprimer mes pouvoirs créatifs et ma vraie voix.

Croyez-le, voyez-le, devenez-le

En choisissant de concentrer mon attention sur un plus grand nombre de choses que je veux faire, j'ai appris à croire en l'idée que *'"vous ne pouvez pas être ce que vous ne voyez pas"*.

Je ne pensais pas qu'il était possible que je crée un podcast ou que j'écrive ce livre, mais tout cela est venu d'un changement dans la façon dont j'ai utilisé mon imagination et ce que je croyais possible pour moi, ce qui a modifié mon environnement au fil du temps.

Il est devenu plus facile de créer et de développer mes compétences avec tant de personnes dans mes réseaux en ligne et hors ligne qui font des choses similaires.

En tant qu'êtres humains, nous sommes des créatures hautement adaptables et, bien que nous n'ayons pas vraiment le choix dans l'environnement dans lequel nous sommes nés, nous avons le choix d'exploiter notre imagination pour influencer directement notre environnement de manière positive lorsque nous devenons adultes.

Chapitre 7

CE SUR QUOI VOUS VOUS CONCENTREZ S'ÉLARGIT

"À la fin de vos petits sentiments, il n'y a peut-être rien, mais à la fin de chaque principe se trouve une promesse." - Eric Thomas

Traitement de ce qui s'est passé

Au cours des premiers mois, j'ai vraiment essayé de comprendre pourquoi mon cerveau craquait, mais plus j'essayais de comprendre les choses dans ma tête, plus je devenais confus. Je cherchais à me faire valider que c'est normal et que beaucoup d'autres personnes passent par là et en ressortent de l'autre côté.

Ma plus grande crainte était que ce soit le vrai moi et que quelque chose ne tourne pas rond chez moi. J'étais brisée à l'intérieur et instable. Je ne voulais pas penser que j'étais inférieur aux autres, que je deviendrais dépendant d'eux et qu'au fond de moi, j'étais un malade mental. Ce n'est pas là que je voulais concentrer mon temps et mon énergie.

Mon esprit était tellement occupé à juger, comparer et analyser ma situation. J'ai remarqué qu'à mesure que cette façon de voir le monde se poursuivait, je me sentais de plus en plus mal. Je savais que je devais me libérer de ce schéma, mais je ne savais pas comment.

En l'absence d'autres alternatives évidentes, j'ai fait la chose la plus sensée et j'ai abandonné. Je ne savais pas où concentrer mon énergie, alors j'ai abandonné mentalement en pensant *au diable avec tout ça*.

Ironiquement, c'était le premier pas sur mon chemin vers la liberté. J'avais supposé que je venais d'agiter le drapeau blanc et que mon côté têtu avait finalement admis la défaite. Mais ce n'était pas une défaite, c'était une leçon d'acceptation.

Le pouvoir guérisseur de l'acceptation

Mon acceptation est venue du fait que je venais de renoncer complètement à analyser le monde et ma relation avec lui. J'avais cessé de taper du marteau proverbial sur la vis qui se trouvait devant moi lorsque j'ai réalisé que si je continuais dans cette voie, j'aurais peut-être littéralement gâché ma vie.

Pour être honnête, je ne me sentais pas bien à ce moment-là. J'avais l'impression d'avoir cédé aux personnes qui défendent l'idée que vivre dans l'ignorance est la meilleure façon de vivre une vie heureuse. Mais j'étais épuisé et j'en avais marre, et je voulais faire une pause dans mon esprit indiscipliné.

Ce n'était pas la première fois que j'étais humilié et ce ne serait certainement pas la dernière. Être humilié par un événement ou une autre personne n'est pas toujours facile à accepter. Lorsque quelqu'un vous donne une leçon sous la forme d'une attaque verbale, on a presque l'impression qu'il vous a frappé au visage et que vous ne pouvez pas le frapper en retour.

J'ai vécu cette expérience à plusieurs reprises au cours de mon adolescence et de mes premières années d'adulte et je n'ai pas du tout aimé ça. Ces expériences m'ont rendu moins enclin à prendre des risques et à exprimer mes pensées et opinions honnêtes à l'égard des autres.

En vivant avec cet état d'esprit, je n'avais pas réalisé qu'il était possible de recevoir des commentaires ouverts et honnêtes de la part d'autres personnes sans porter de jugement, ce qui était censé me servir.

Le monde du coaching m'a ouvert les yeux sur un aspect du comportement humain qui était largement caché à mon regard.

Un coffre aux trésors sans clé

Une fois que j'ai admis ma défaite et appris la leçon de l'acceptation, l'espace et la liberté dont mon esprit avait besoin pour commencer à guérir et à grandir à partir de cette expérience ont commencé à émerger progressivement.

Avec ce sentiment de clarté et de perspective retrouvées, j'ai su que je ne pouvais pas redevenir ce que j'étais avant. Cela aurait été comme trébucher sur un coffre au trésor et refuser de reconnaître son existence simplement parce que je n'avais pas encore la clé pour l'ouvrir.

À ce stade de mon voyage, je ne pouvais que sentir qu'il y avait un chemin à suivre pour moi. Je n'avais pas de mots, pas de compréhension et je ne savais pas vraiment quelles seraient mes prochaines étapes, mais au milieu de tout cela, je me suis trouvé curieux.

Penser en opposition

Un grand nombre des leçons que j'ai apprises sont le résultat d'une réflexion exactement opposée à un schéma de pensée que j'avais déjà intériorisé. J'ai remarqué que chaque fois que je résistais vraiment à quelque chose, j'avais tendance à en obtenir davantage.

Cela s'est produit lorsque j'ai fait une fixation sur mon acné, lorsque j'ai détesté que les gens me traitent d'"étranger" ou de "timide" et lorsque je ne voulais pas admettre que j'avais perdu le contrôle de mon esprit.

J'ai donc pensé *que si j'obtenais plus de ce que je ne veux pas en y résistant, pourquoi ne pas me concentrer sur ce que je veux à la place?*

L'esprit subconscient

Pour le faire plus efficacement, j'ai commencé à lire des livres sur le subconscient comme *The Power of Your Subconscious Mind* du Dr Joseph Murphy.

J'ai appris que le subconscient ignore totalement le négatif. Lorsque vous vous dites *je ne veux pas me saouler ce soir et avoir la gueule de bois demain,* otre subconscient ne fait que vous dire que je *veux me saouler ce soir et avoir la gueule de bois demain.*

Cela m'a semblé idiot au début, mais ce genre d'expérience m'est arrivé bien trop souvent dans le passé pour que je puisse ignorer la possibilité qu'il y ait quelque chose à cela.

Lorsque j'ai commencé à penser en ces termes, j'ai commencé à me souvenir de certaines des façons dont j'avais utilisé ce principe de manière positive. Dans l'apprentissage des langues, j'ai remarqué que chaque fois que je prenais le temps d'apprendre un nouveau mot, j'avais tendance à le remarquer à nouveau au bout de quelques jours.

Cela m'a permis de renforcer mon apprentissage sans réel effort conscient de ma part. C'était comme si le mot avait toujours été là, quelque part à l'arrière-plan, mais comme je n'en avais pas conscience, je n'ai jamais capté la fréquence.

En m'intéressant à la science du cerveau, j'ai appris plus tard que le SAR (système d'activation réticulaire) était la partie du cerveau responsable de cette situation.

Malgré ma nouvelle application consciente du principe de focalisation, tout n'a pas été rose à partir de là. En fait, à l'œil nu, les choses auraient semblé glisser encore plus bas pour moi avant que je ne commence ma maîtrise.

Plus en aval

Peu de temps après avoir subi une psychose, j'ai développé le sinus pilonidal, une autre affection plutôt embarrassante. Un poil incarné sur le coccyx peut sembler insignifiant et même risible, mais il a nécessité une opération et il a fallu trois ans pour s'en remettre complètement.

Une fois de plus, ma gêne m'a obligé à mettre tout cela en bouteille et à n'en parler à personne, à moins qu'il n'y ait pas moyen de contourner le problème. Pendant cette période, j'ai souvent connu des moments de frustration où j'avais l'impression que je n'allais jamais guérir complètement de tout cela.

Avec le recul, je pense qu'au moins 80 % de mes pensées par défaut pour l'année qui a suivi ma semaine de psychose étaient négatives et déroutantes.

Vous êtes branché sur la survie, pas sur le bonheur

Le cerveau et l'esprit peuvent être incroyablement négatifs lorsque nous vivons notre vie de manière largement inconsciente.

Selon Jonathan Haidt, auteur de *The Happiness Hypothesis*, votre cerveau est programmé pour vous aider à survivre, et non pour vous rendre heureux.

Il n'est pas surprenant que je me sentais souvent négative à mon égard, car je croyais toujours que mon environnement déterminait entièrement mon état d'esprit et, dans mon esprit, mon environnement ne pouvait pas être plus sombre.

De juin 2011 à juillet 2012 a été l'année la plus difficile pour moi sur le plan mental, physique, émotionnel et spirituel. La psychose est survenue en juin 2011 ; j'ai commencé un master à DCU en septembre, mais cela s'est avéré beaucoup trop tôt après ce qui s'était passé.

Les effets secondaires des médicaments que je prenais faisaient que mon cerveau était souvent embrumé et que je me sentais constamment fatigué. J'ai dû abandonner le cours après le premier semestre.

C'était la première fois que je devais abandonner quelque chose qui me tenait à cœur. L'année suivante, j'ai développé le sinus pilonidal, et j'ai également bénéficié de l'aide au chômage pendant quelques mois. Je me sentais souvent sans valeur et léthargique.

Prendre un tournant

Ce n'est qu'en juillet 2012, lorsque j'ai commencé à enseigner l'anglais à des adolescents français dans un camp de vacances en Angleterre, que j'ai commencé à prendre un virage.

Je suis allé faire une deuxième tentative de maîtrise en septembre, cette fois à Swansea, au Pays de Galles. J'ai considéré cela comme ma chance de me racheter.

C'est là que j'ai rencontré Elçin - ma première amie psychologue. À l'époque, j'avais besoin d'un ami. Mon expérience de la psychose m'avait ouvert les yeux sur le fait que beaucoup de gens que je considérais comme des amis dans ma vie n'étaient, au mieux, que des connaissances.

Au fond de mon cœur, j'ai toujours su qu'au bout du compte, ils ne savaient pas ou ne voulaient pas vraiment savoir qui j'étais et je n'avais aucune idée de qui ils étaient non plus.

Cette prise de conscience m'a finalement donné la permission d'être moi et de créer mon propre chemin dans la vie, mais ce fut une prise de conscience extrêmement douloureuse qui m'a pris de nombreuses années à accepter.

Je n'y ai pas beaucoup pensé à l'époque, mais pendant ma maîtrise, beaucoup de gens que je connaissais étudiaient la psychologie.

L'esprit comme un muscle

Il m'a fallu beaucoup de conscience, d'efforts et de discipline pour ne pas devenir la chienne de mon propre cerveau.

Bien qu'il ait été beaucoup plus facile de se concentrer sur les aspects négatifs et de jouer le rôle de victime, je savais au fond de moi que ce n'était pas la vie que je voulais pour moi. Ce qui m'a permis de surmonter les moments les plus difficiles, c'est ma foi inébranlable dans les principes.

J'ai pris la décision de prêter attention à toutes les pensées positives et édifiantes que j'avais.

Les pensées comme celles de *beaucoup d'autres personnes sont bien pires que les miennes en ce moment* et *les choses ne peuvent que s'améliorer à partir de là.*

J'ai commencé à entraîner mon esprit à se concentrer sur ce sur quoi je voulais qu'il se concentre et à bloquer le bruit blanc. Mon raisonnement était que l'esprit est un muscle, je ne l'avais pas entraîné, ce qui a conduit à l'atrophie.

L'atrophie de mon esprit signifiait que je réagissais souvent à la vie. Le cercle de mes amis, les médias et la société en général sont autant de choses qui me déclenchent fréquemment.

Lorsque je n'avais pas la compréhension nécessaire pour savoir que j'étais déclenché, je sentais que je n'avais pas d'autre choix que de m'adapter à mon environnement et de m'y installer, même si je me sentais souvent déconnecté et totalement désorienté par celui-ci.

Je ne voulais pas passer ma vie à blâmer la société et les autres pour mes problèmes, je m'engageais plutôt à trouver des solutions.

Chapitre 8
LE CÔTÉ POSITIF DES ILLUSIONS

"Pour moi, il est bien mieux de saisir l'Univers tel qu'il est réellement que de persister dans l'illusion, aussi satisfaisant ou rassurant soit-il."

- Carl Sagan

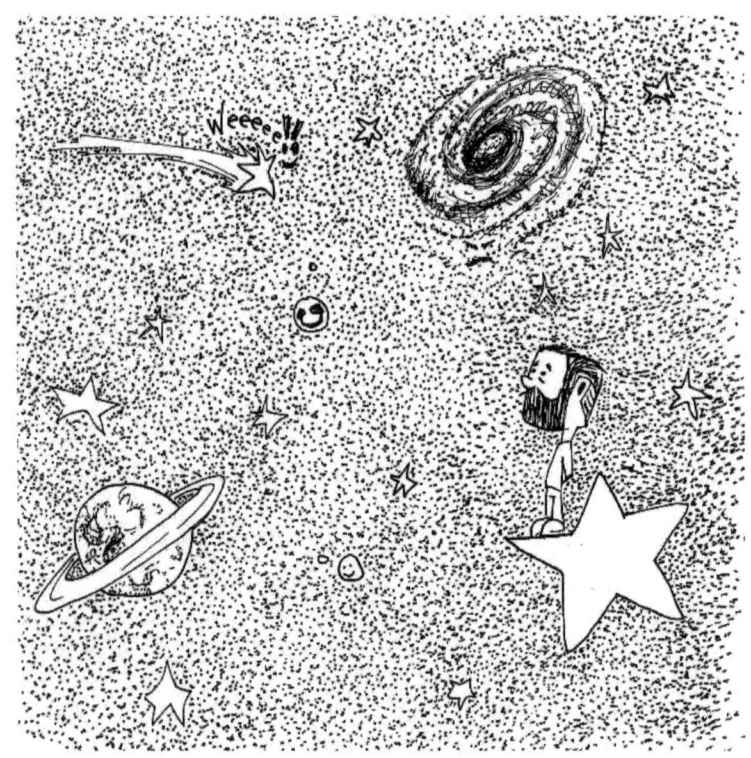

Ma fascination pour le comportement humain

Même si je n'ai jamais étudié formellement la psychologie, j'ai toujours été fasciné par le comportement humain. Quand j'étais adolescent, je me retrouvais souvent à regarder des documentaires de guerre et à essayer de comprendre la pure folie qui poussait les gens à commettre des actes aussi barbares les uns envers les autres.

J'étais tout aussi fasciné par la beauté que la guerre semblait avoir réussi à créer sous la forme de liens indéfectibles entre les êtres humains. D'incroyables innovations semblaient également émerger de la nécessité que la guerre impose à l'humanité.

Pendant la Seconde Guerre mondiale, j'ai trouvé le pouvoir de la propagande tout à fait déroutant, mais aussi étrangement intrigant. Ce sentiment d'intrigue m'a amené à penser que si je voulais un jour mieux comprendre les autres, je devais commencer par mieux me comprendre moi-même.

Ma relation avec le mot psychologie

Tant que je ne comprendrais pas ma propre psychologie, je continuerais à me laisser manipuler par des systèmes et des personnes malfaisantes.

J'ai appris que ce n'est qu'après la Seconde Guerre mondiale que la psychologie s'est orientée vers le traitement des comportements anormaux et des maladies mentales, en grande partie pour des raisons économiques.

Dans l'article *"Psychologie positive - Une introduction"*, il est dit qu'en 1946, l'Administration des vétérans a été fondée et que des milliers de psychologues ont découvert qu'ils pouvaient vivre du traitement des maladies mentales.

En 1947, l'Institut national de la santé mentale a été fondé, et des universitaires ont découvert qu'ils pouvaient obtenir des subventions si leurs recherches portaient sur la pathologie.

Psychologie positive et haute performance

J'ai d'abord été surpris par cela. Je ne savais pas que la psychologie était utilisée de manière positive. La psychologie que je connaissais vaguement était du type post-1946. Mon image mentale de la psychologie était celle d'un outil utilisé pour garder sous contrôle des personnes profondément troublées.

Avec cette image mentale, il n'était pas surprenant que je veuille que mon cerveau guérisse sans jamais mettre les pieds dans le bureau d'un psychiatre qualifié. Ce petit aperçu du vaste monde de la psychologie m'a ouvert l'esprit au monde de la psychologie positive et de la haute performance.

Au lieu de me concentrer sur un avenir sombre, de me percevoir comme mentalement instable et de devoir vivre avec des "démons" pour le reste de ma vie, je pouvais maintenant canaliser mon énergie et me concentrer sur quelque chose de beaucoup plus positif et édifiant pour mon futur moi.

Le but des illusions

Il ne m'était jamais venu à l'esprit qu'il était possible de m'observer et de devenir plus conscient de mes propres actions et comportements.

Il est tellement plus facile d'observer et de juger les autres, mais mon état d'esprit était sur le point de changer lorsque j'ai commencé mon étude informelle de la psychose.

Je me suis plongé dans des lectures sur la psychose et la maladie mentale. J'étais tellement absorbé par la compréhension des causes de la maladie mentale que je me suis retrouvé à passer trois mois à traduire du français vers l'anglais, pour mon master de traduction, un article de 6,000 mots intitulé *The Healing Properties of Delusions in Schizophrenia* de Sigmund Freud. du français vers l'anglais pour mon master de traduction.

J'ai appris une leçon essentielle cet été-là, qui a été déterminante pour modifier ma perception de l'objectif des délires et des hallucinations.

Jusqu'à ce que je fasse des recherches sur ce sujet, je ne voyais pas d'autre but aux délires que de tourmenter leurs victimes. Mais mes recherches avaient réussi à mettre en lumière le fait qu'en tirant les leçons de mes illusions, je pouvais guérir le problème sous-jacent et transformer mon esprit dans le processus.

J'ai commencé à percevoir les délires que j'avais éprouvés pendant la psychose comme une fenêtre sur la folie de mon inconscient. Dans mes illusions, certaines de mes peurs inconscientes m'ont été présentées, ce qui a représenté une grande opportunité d'apprentissage.

Guérissez votre monde de l'intérieur

De la même manière que vous ne pouvez pas être ce que vous ne pouvez pas voir, je crois que vous ne pouvez pas guérir de quelque chose que vous ne pouvez pas voir d'abord exister en vous. Lorsque j'ai commencé à me poser de meilleures questions sur moi-même, j'ai remarqué que certaines de mes illusions étaient ancrées dans des illusions extérieures.

J'ai commencé à me poser des questions qui allaient au cœur même du pourquoi je voulais vraiment quelque chose, même si c'était embarrassant de l'admettre. Si vous n'allez pas au-delà des histoires qui vous semblent rationnelles, vous ne ferez pas de progrès significatifs.

L'une de mes illusions était de devenir un entrepreneur en ligne prospère, parlant plusieurs langues et voyageant dans le monde entier sans souci.

L'image en elle-même n'était pas le problème. Je crois que le désir de grandir et de devenir la meilleure version possible de soi-même est un élément fondamental de l'être humain et qu'une illusion liée à une pensée rationnelle devient souvent le modèle d'une vie bien vécue.

Cependant, des attentes erronées ont le pouvoir de transformer rapidement une vision en une illusion toxique et j'avais de nombreuses attentes erronées.

À cette époque, mon attente la plus insidieusement défectueuse et toxique était que les gens m'aimeraient et m'accepteraient davantage si seulement je devenais cette image irréaliste de mon moi réussi.

L'illusion de l'artiste

Les leçons de mes illusions étaient multiples. Lorsque je les ai reconnues et que je les ai invitées à devenir mon professeur au lieu de me tourmenter, j'ai commencé à voir où je m'étais perdu et à m'écarter de mon chemin.

Pendant les premières étapes de mon expérience de la psychose, j'ai eu le sentiment irrésistible que j'avais été mis ici sur cette Terre pour être un artiste.

Je me souviens distinctement que des artistes représentaient soudain des anges sur terre dont le travail consiste à aider les gens à se réveiller pour savoir qui ils sont et pourquoi ils sont ici.

Ce sentiment est venu de nulle part, je n'avais jamais rien ressenti de tel et j'étais convaincu que c'était la réalité dans laquelle je vivais maintenant.

Je me suis retrouvée à croire et à proclamer que j'étais une artiste alors que je me plongeais dans mon écriture.

Je me suis sentie incarner ce que je disais et comme si j'avais accès à une puissance supérieure. Je commençais tout à coup à comprendre pourquoi un artiste devenait fou parce qu'il se sentait incompris par le monde et était mal représenté par des gens qui étaient complètement perdus.

Dans ce domaine, l'idée de quelqu'un qui se coupe l'oreille en regardant la cécité et la stupidité de l'humanité ne semblait pas si folle que ça.

L'art n'était plus limité à des peintures sur un mur. J'ai commencé à voir l'art dans la nature, le sport, la mode et tout ce qui ressemblait à une énergie créative. Alors qu'il était autrefois cloisonné dans mon esprit, l'art a commencé à se fondre dans la vie elle-même.

Comme vous pouvez l'imaginer, lorsque les médicaments ont fait effet et que l'illusion a éclaté, je me suis sentie profondément gênée et honteuse que mon esprit se soit rendu à cet endroit.

Je voulais l'oublier et j'avais une forte envie de fermer la porte à l'art et à la créativité pour le reste de ma vie. Je ne voulais plus jamais prendre le risque d'aller dans cet endroit sombre de mon esprit.

Au début, j'ai fermé cette partie avec toute l'énergie qu'il me restait. Heureusement, lorsque je suis allé à Swansea et que j'ai commencé à lire certaines œuvres de Sigmund Freud, mon esprit s'est ouvert à la possibilité que je puisse d'une certaine manière apprendre des illusions dans lesquelles j'étais plongé lorsque je suis entré dans ce royaume.

En faisant cela, je me suis souvenu d'une des questions que je me suis posées pendant l'œil de la tempête – *qu'est-il arrivé à ce garçon qui aimait apprendre et créer?*

Un an plus tard, j'ai commencé à écrire mon premier blog. Ce que j'ai appris pendant cette période, c'est que votre art doit tout signifier pour vous et rien pour vous tous en même temps.

C'est ainsi que vous pouvez apprendre à faire confiance à votre capacité de créer avec votre cœur tout en restant sain d'esprit et enraciné dans le monde.

Craignez l'emprisonnement mental, pas la stupidité

Lorsque vous voyez l'attente erronée à l'origine de votre illusion, il est important de prendre le temps de reconnaître à vous-même, sur le plan émotionnel, que c'est vrai.

Beaucoup de mes attentes erronées ont été plutôt embarrassantes à admettre pour moi-même. Il y a quelques années, je n'aurais jamais admis la racine de mes illusions en public, de peur que les autres me prennent pour un faible et franchement un idiot.

Mais si vous ne les acceptez pas, le modèle construit sur ces attentes erronées continuera à vous emprisonner et à diriger votre vie. Gardez à l'esprit que la logique qui a créé certaines de ces attentes a très probablement été créée par le cerveau d'un enfant qui essayait de donner un sens au monde et à sa relation avec lui. Ayez de la compassion pour cet enfant afin de pouvoir lâcher prise sur votre passé.

Habitudes inconscientes

Bien que les médicaments antipsychotiques aient fait disparaître depuis longtemps mes délires et mes hallucinations, je n'en étais pas pleinement satisfait.

Je voulais en savoir plus sur le fonctionnement de mon esprit afin de ne plus jamais avoir à endurer cette forme de souffrance psychologique et, ce faisant, aider d'autres personnes à prendre conscience de cette expérience et à l'éviter complètement.

Ainsi, comme j'avais commencé à modifier mon discours sur moi-même et sur ce sur quoi je me concentrais en posant de meilleures questions, je commençais à voir à quel point mon comportement était simplement habituel.

Chapitre 9

CHANGEMENT D'HABITUDES

"De même que l'homme physiquement faible peut se rendre fort par un entraînement attentif et patient, de même l'homme aux pensées faibles peut les rendre forts en pensée juste."

- James Allen

Notre système éducatif est-il une escroquerie?

Mes premiers emplois après ma maîtrise ont été des postes de soutien à la clientèle. J'étais reconnaissant parce que ces postes me permettaient d'utiliser mon français, mais je me suis aussi demandé *N'aurais-je pas pu décrocher ces emplois sans passer 5 ans de ma vie à l'université?*

Au départ, cette question a suscité beaucoup d'émotions négatives. J'avais l'impression d'avoir été en quelque sorte escroqué par le système éducatif et je me demandais pourquoi il ne m'était pas venu à l'esprit de réfléchir vraiment à ce que je voulais faire de ma vie. *Mon éducation n'était-elle pas censée m'aider dans tout cela? Avais-je vraiment besoin d'un diplôme ou d'une maîtrise après tout?*

Après avoir remarqué que ces questions et ces lignes de logique me semblaient toxiques, je me suis rendu compte que je ne voulais plus m'y attarder. J'ai donc décidé de changer les questions et, ce faisant, j'ai choisi de m'intéresser au monde réel et à son fonctionnement.

Un interrupteur dans mon cerveau

J'avais passé tellement de temps dans une bulle académique qui m'avait fondamentalement désintéressé que j'avais perdu ma véritable curiosité pour le monde qui m'entourait.

Maintenant que je vivais enfin dans le monde réel, je me sentais comme lorsque je suis tombé pour la première fois sur le piratage du langage, cette sensation que mon cerveau s'était enfin mis en marche après des années d'hibernation.

En 2014, j'avais encore beaucoup à apprendre sur le cerveau et l'esprit, mais je prenais de plus en plus conscience du pouvoir de l'habitude. Je ne comprenais pas vraiment les habitudes, mais je savais qu'elles avaient quelque chose à voir avec le succès.

J'ai utilisé mon corps comme une passerelle pour comprendre mon esprit, alors en janvier 2013, j'ai décidé de prendre l'habitude d'aller à la gym. J'ai pensé que si j'étais en meilleure forme physique, je pourrais aussi penser plus clairement et me mettre en meilleure forme mentale.

Commencer par la condition physique

Vers le début de 2014, j'avais pris un poids notable, je n'étais pas au point d'intervention, mais je pesais environ 13 livres de plus que mon poids habituel.

Il y avait probablement une multitude de facteurs à cela, mais les médicaments que je prenais et le rétablissement du sinus pilonidal n'auraient pas aidé.

Mon intention à ce moment-là était de me conditionner pour prendre plaisir à aller régulièrement à la gym. À cette époque, je me suis dit : "Je me suis bien préparé à "apprécier" de me saouler tous les week-ends, afin de me préparer à prendre plaisir à aller à la salle de sport".

La ludification comme outil d'apprentissage

En apprenant le français, je me suis rendu compte que la ludification était un excellent moyen de me motiver à faire un premier pas.

Lorsque j'ai obtenu ma plus mauvaise note en français au premier semestre de ma première année, j'ai trouvé sur le campus un laboratoire de langues où se trouvait un logiciel qui a transformé l'apprentissage du français en un jeu pour moi.

C'était loin des normes des applications d'apprentissage des langues d'aujourd'hui, mais j'y ai passé beaucoup de temps et je suis passé d'un étudiant C à un étudiant A en un seul semestre.

Cette fois, le jeu consistait simplement à diminuer ma graisse corporelle. L'objectif de mesurer et de voir ma graisse corporelle diminuer grâce à un travail acharné, à la constance et à l'effort était la motivation interne dont j'avais besoin. Avec le temps, j'ai commencé à croire à l'idée qu'un corps sain est égal à un esprit sain.

Affrontez vos peurs un jour à la fois

Une fois que j'ai commencé à m'entraîner physiquement, il n'a pas fallu longtemps avant que j'aie le désir de m'entraîner mentalement. En découvrant le pouvoir de mes questions, j'ai pu commencer à modifier progressivement mon discours sur moi-même, mais je savais qu'il me restait encore beaucoup de pouvoir à exploiter.

Je n'avais jamais consciemment entraîné mon esprit auparavant, donc je ne savais pas vraiment par où commencer ni même à quoi m'attendre. En fait, j'avais très peur de mon esprit à ce moment-là parce que je vivais encore avec les souvenirs de la façon dont les choses peuvent mal tourner avec l'esprit.

Mais je savais que quelque chose devait changer, alors j'ai progressivement surmonté cette peur en prenant de petites mesures quotidiennes cohérentes. J'ai simplement choisi de commencer avec ce que j'avais et de travailler à partir de là.

Heureusement, je n'ai pas eu à créer ce chemin en me basant uniquement sur une foi aveugle. Les livres et les gens sont finalement devenus mes guides. Ils ont contribué à me faire croire qu'un être humain est bien plus que ce que l'on voit.

La citation de James Allen dans *As A Man Thinketh*, au début de ce chapitre, m'a donné la conviction qu'il était possible d'entraîner mon esprit à mieux penser.

Honnêteté brutale

Il peut sembler dur que je me considère comme un homme de faible pensée à cette époque. À ce stade, j'avais une maîtrise et j'avais vécu mon expérience de la psychose sans que cela ne me brise complètement l'esprit et le mental.

Néanmoins, des moments de brutale honnêteté envers moi-même ont été la principale raison pour laquelle j'ai pu continuer à avancer, bien que souvent à un rythme d'escargot.

Le fait de m'avouer à moi-même que j'avais des pensées et un esprit faibles était difficile à accepter, mais c'était aussi libérateur.

En m'avouant à moi-même, je commençais à créer une base solide pour ma vie. L'alternative aurait été de construire ma vie sur un tissu de mensonges qui finirait par s'effondrer si on lui accordait suffisamment de temps.

Il y a de nombreuses fois dans ma vie où je me sens complètement et totalement perdue et la seule chose qui m'ait jamais aidée à m'en sortir, c'est d'être brutalement honnête avec moi-même sur la situation dans laquelle je me trouve.

Je ne dis pas que c'est facile, c'est vraiment difficile de se regarder honnêtement, surtout quand il y a tant de distractions. Mais ces distractions ajoutent-elles à votre vie ou absorbent-elles beaucoup trop de votre précieux temps et de votre énergie?

Recherchez la véritable cause profonde

En me regardant honnêtement, j'ai pu constater que j'avais peur de dire ce que je pensais, que j'avais peur du jugement des autres et que j'étais trop facilement distrait par des choses qui échappaient à mon contrôle. Les choses n'ont pas changé du jour au lendemain, mais au moins j'avais fini de prétendre que ce n'était pas les vrais problèmes auxquels je faisais face.

Comme j'avais maintenant vu par moi-même que c'était l'opinion des autres qui me dérangeait le plus, j'avais une direction à prendre pour changer les choses.

Je me suis rendu compte que je me sentais le plus impuissant face aux autres lorsque je me suis mis en mode réaction, et c'est donc là que j'ai commencé à prendre des habitudes sur le plan mental

Comment je construis des habitudes

Au fil des ans, la meilleure façon que j'ai apprise pour créer des habitudes est de les construire lentement les unes sur les autres, une par une.

J'avais l'habitude d'aborder les habitudes avec une pensée rigide, mais la vie me semblait plus comme une corvée de cette façon.

Aujourd'hui, j'aime aborder les habitudes avec un esprit d'expérimentation et une approche "Boucle d'or" qui consiste à trouver la bonne habitude qui contribue à améliorer à la fois la qualité de ma vie et mes résultats.

Si je regarde mon parcours jusqu'à présent, seules quelques habitudes fondamentales m'ont aidé à changer ma vie pour le mieux :

- L'habitude de modifier mes réactions en fonction des réponses.
- L'habitude de faire de l'exercice physique au moins 3 fois par semaine.
- L'habitude de boire de l'eau quotidiennement.
- L'habitude de lire.
- L'habitude d'appliquer ce que j'apprends dans le monde réel.

Chapitre 10
ROMPRE LE CYCLE RÉACTIF

"Soyez le changement que vous voulez voir dans le monde."

- Mahatma Gandhi

Le responsabilité s'arrête ici

Quiconque a déjà essayé de suivre un régime ou de faire plus de choses qui amélioreront votre vie sait combien il est difficile de s'y mettre.

Alors qu'il est difficile d'opérer en surface en pensant que votre problème est uniquement lié à votre poids, à votre travail ou au cercle de vos amis, j'ai eu beaucoup plus de mal à m'approprier toutes les mauvaises décisions, les indécisions et les schémas qui n'ont peut-être même pas commencé avec moi.

C'est une caractéristique débilitante de la nature humaine que de s'attribuer le mérite des bonnes décisions qui vous viennent naturellement, alors que s'attribuer le mérite des mauvaises décisions n'est pas quelque chose que vous voudrez faire automatiquement. Pourtant, s'attribuer le mérite du mal dans votre vie est la source d'une véritable transformation et d'un changement.

Si vous voulez commencer à changer votre vie pour le mieux dès aujourd'hui, vous devez vous approprier votre situation actuelle et oublier de blâmer quoi que ce soit ou qui que ce soit d'autre pour vos problèmes. Cherchez des solutions plutôt que des boucs émissaires.

Briser les réactions automatiques aux personnes

La raison pour laquelle j'ai choisi de commencer à briser mes réactions aux gens était que c'était simple, direct et que je savais que cela aurait le plus grand impact sur ma vie à ce moment-là.

Si je parvenais à briser certains de mes schémas de réaction, je savais que d'autres choses allaient bientôt commencer à changer dans ma vie aussi.

Ma prise de conscience que le ralentissement de l'espace mental créé dans mon esprit m'a permis de croire que je pouvais utiliser cet espace pour commencer à briser des schémas une fois que j'en avais l'intention.

Lorsque vous réagissez, vous abandonnez votre pouvoir à l'autre personne, mais lorsque vous répondez, vous conservez votre pouvoir. Je voulais garder mon pouvoir.

Une victoire pour moi à cette époque était de prendre conscience du nombre de fois où je me suis mis en mode réactif au cours de la journée, de ce qui se passait, de ce qui le déclenchait et de ce que je pouvais faire différemment la prochaine fois. Ce n'était pas pour le critiquer ou le juger, c'était simplement pour en prendre davantage conscience.

Jeux d'esprit subtils et dynamique de pouvoir

Avec cette intention, j'ai commencé à voir les jeux d'esprit derrière certaines de mes interactions, les dynamiques de pouvoir subtiles ainsi que certains des masques que je portais et qui semblaient les déclencher en moi.

J'ai remarqué à qui je ne révélais pas mes vrais sentiments, j'ai remarqué le caractère que d'autres personnes faisaient ressortir en moi et je me suis demandé pourquoi. Certaines des questions qui m'ont vraiment aidée sont les suivantes: *pourquoi l'opinion qu'ils ont de moi me dérange-t-elle tant?* et *pourquoi est-il logique de choisir de passer mon temps avec quelqu'un que je n'aime pas fondamentalement ou en qui je n'ai pas confiance?*

J'ai posé des questions comme celles-ci de manière introspective, un peu comme si je les remettais à une intelligence supérieure pour me montrer les réponses que j'avais besoin de voir.

Les étapes pratiques simples consistaient à me surprendre à réagir, à ne rien dire et à laisser la conversation suivre son cours. Ensuite, je me suis demandé pourquoi j'étais tenté de réagir de cette manière en posant des questions introspectives et en écrivant les pensées qui me traversent l'esprit.

Vie consciente

Grâce à ces questions simples et plus conscientes, j'ai pris conscience de la qualité de mes relations. Jusqu'alors, j'avais largement accepté les personnes qui se trouvaient dans ma vie et je faisais de mon mieux pour m'entendre avec elles.

Cela m'a souvent amené à ne pas être honnête sur ce dont je voulais parler et sur la façon dont je voulais passer mon temps.

J'ai pris l'habitude de plaire aux gens pour m'intégrer au lieu de me demander si cet environnement me convenait ou si je convenais aux personnes qui s'y trouvaient.

Remarquez l'envie de projeter le blâme

Une fois que j'ai commencé à comprendre la réalité de ma vie quotidienne, une option aurait été de blâmer certaines personnes de mon environnement immédiat pour m'avoir déclenché.

Comme c'est une option si facile à prendre, je savais que c'était le signe d'un esprit faible. Ma brutale honnêteté initiale commençait à servir un but, car j'avais déjà établi un objectif clair à long terme: renforcer mon esprit, et non l'affaiblir davantage.

Dans ses recherches sur la vulnérabilité, Brené Brown explique que le blâme n'a pas d'autre qualité d'adaptation que celle de nous aider à décharger une énergie inconfortable.

Lorsque je réfléchis à cela dans ma propre vie, je ne me souviens pas d'un seul cas où j'ai blâmé quelqu'un pour quelque chose qui avait un effet positif sur son comportement. Je ne me souviens pas non plus avoir jamais voulu changer pour quelqu'un qui m'avait pointé du doigt à tort ou à raison.

C'était MOI

Lorsque j'ai cessé de regarder à l'extérieur et que j'ai commencé à examiner de plus près mon rôle dans chaque situation, j'ai commencé à remarquer que les schémas de ma vie, bien qu'apparemment tous très différents, avaient un dénominateur commun - le MOI.

Une prise de conscience simple mais tout à fait époustouflante pour moi à cette époque. Une fois de plus, il m'a été difficile de l'accepter, mais une fois que j'ai laissé le sentiment de stupidité m'envahir, cette prise de conscience n'a fait que renforcer ma conviction qu'un changement significatif était possible pour moi.

Je n'avais plus besoin d'attendre que l'environnement change parce que, pour le meilleur ou pour le pire, j'étais à l'épicentre de chaque environnement dans lequel je me trouvais.

Image de soi - Votre thermostat intérieur

Alors que je me demandais comment j'avais pu négliger cette vérité des plus fondamentales, j'ai commencé à lire davantage sur l'esprit et à mieux comprendre comment mes pensées et mes croyances filtrent la façon dont je perçois la réalité dans laquelle je vis.

En commençant à m'immerger, j'ai réalisé que ce n'était pas que j'étais stupide, j'étais juste aveuglé par ma propre perception.

Dans *Psycho-Cybernétique*, Robert Maxwell parle de l'image de soi et de la façon dont notre esprit fonctionne comme un thermostat. Il ne nous permet de voir et d'agir qu'en fonction de la façon dont nous nous voyons nous-mêmes.

Si vous pensez que vous n'êtes pas sportif, vous ne ferez pas de sport à moins que vous ne soyez motivé pour contester et démystifier cette idée par l'action. Si vous pensez que les autres sont toujours responsables des problèmes de votre vie, alors c'est ce que vous verrez en ignorant votre propre rôle dans chaque situation.

Embrassez votre timidité

Pendant des années, j'ai eu l'habitude de penser qu'être naturellement timide et réservé était une mauvaise chose et une limitation de mon potentiel. Je pensais que je pouvais soit rester ainsi et me limiter, soit essayer d'être plus ouvert et bavard.

Cette croyance erronée a influencé mes actions et mes comportements en conséquence. Je me sentirais ennuyé si quelqu'un me traitait de timide et je finirais par parler pour le plaisir de le faire, juste pour prouver que ces personnes ont tort. Cela m'a conduit à beaucoup de réflexions excessives et de conflits internes dans mon esprit.

La principale crainte derrière tout cela était la peur de laisser les autres me dominer, de me dire qui je suis et d'être toujours remis à ma place par quelqu'un d'autre.

Ce que je ne savais pas, c'est que la peur elle-même faisait que ce à quoi je résistais prenne forme dans ma vie.

Le voyage que j'ai fait en apprenant à parler français m'a permis de voir comment ce que j'avais en tête dans mon environnement me poussait inconsciemment à me voir d'une certaine manière. Cela m'a permis de voir mon côté plus introverti sous un jour plus positif.

En apprenant le français, j'ai dû faire plus d'efforts pour m'engager et parler avec de nouvelles personnes de manière plus cohérente. En tant que type timide et réservé, je ne pensais pas pouvoir faire cela.

J'ai agi malgré tout parce que ma motivation pour apprendre le français était plus forte que ma croyance limitative. Au fur et à mesure que j'agissais, je commençais à voir les avantages de ne pas parler pour le plaisir.

Dans les langues, si vous écoutez plus que vous ne parlez, vous avez plus de temps pour vous exercer que quelqu'un qui est trop gêné par son désir de parler parfaitement et qui, au lieu de cela, tergiverse le plus souvent.

Au fur et à mesure que je rencontrais des personnes de types différents, j'ai commencé à remarquer que je parlais naturellement plus lorsque je rencontrais quelqu'un qui partageait les mêmes intérêts et les mêmes valeurs ou quelqu'un que je trouvais tout simplement très intéressant.

Je n'ai pas eu besoin de me forcer à devenir extraverti. Au contraire, je pouvais embrasser les aspects positifs d'une introversion naturelle et, grâce à cela, je pouvais mieux m'intégrer dans la vie et trouver les personnes vers lesquelles je gravitais naturellement.

Optimisez consciemment votre vie

La clé est donc d'optimiser votre vie et de devenir plus conscient des situations et des lieux où vous survivez simplement et des situations et des lieux où vous commencez à vous épanouir réellement.

Maintenant que j'ai pris conscience de cela, j'ai commencé à prendre des notes mentales sur les endroits et les situations où je ne me sentais pas à ma place et j'ai commencé à en faire progressivement moins.

Ces endroits comprenaient le fait de se retrouver dans une boîte de nuit jusqu'aux petites heures du matin, ainsi que de traîner dans un grand groupe de personnes qui ne partageaient pas les mêmes intérêts que moi.

En revanche, les situations et les lieux où je me sentais le plus à l'aise étaient les cafés, l'écriture, les discussions avec des personnes nouvelles et intéressantes, la lecture de livres, le yoga, la méditation et la création de nouveaux projets.

La simple décision de m'aligner sur les endroits où je me sens naturellement chez moi m'a donné l'occasion de commencer à faire toutes les choses que j'aime faire aujourd'hui, y compris mon podcast et l'écriture de ce livre.

Bavardages inutiles

"Les grands esprits discutent d'idées; les esprits moyens discutent d'événements; les petits esprits discutent de personnes."

- Eleanor Roosevelt

La première fois que j'ai lu la citation ci-dessus d'Eleanor Roosevelt, cela m'a arrêté dans mon élan. La distinction semblait si simple et pourtant si évidente. Elle a ouvert une porte dans mon esprit pour croire que n'importe qui pouvait choisir de devenir grand.

Ma première réaction à l'idée qui a germé dans mon esprit que les ragots oisifs étaient une habitude a été le scepticisme. À l'époque, je cherchais des moyens "non conventionnels" de libérer une partie de mon temps, afin de pouvoir faire davantage de choses que je voulais faire.

J'ai toujours supposé que les commérages étaient une partie inévitable de la vie et j'étais donc curieux de savoir quels résultats apporterait le fait d'agir sur la théorie selon laquelle les commérages oisifs sont un choix.

Au début, il était très difficile de se défaire de cette habitude et j'échouais souvent et je me retrouvais à m'en vouloir. Néanmoins, je n'ai pas abandonné et je me suis concentré sur les fois où j'ai pu me désengager de la conversation ou changer de sujet.

Là encore, mon intention était aussi simple que de remarquer l'impulsion de bavarder et de ne rien dire et de changer de sujet de conversation ou simplement d'écouter l'autre personne.

Des drames inutiles ou plus de temps libre?

Au fil des mois et des années, j'ai constaté que moins je bavardais, plus j'avais de temps pour parler d'idées, expérimenter et créer.

Tout comme dans la citation d'Eleanor, j'ai commencé à voir qu'une fois que l'on commence à ne plus se concentrer sur les gens et les événements, il n'y a plus grand-chose à faire, si ce n'est parler d'idées et créer des choses dans le monde.

J'ai également commencé à réaliser à quel point j'étais une mauvaise auditrice et à quel point j'attendais souvent mon tour pour parler ou ajouter quelque chose à l'histoire.

Comme je commençais à moins bavarder, je me sentais généralement mieux dans ma peau, je me souciais moins de ce que les autres pensaient de moi et j'ai constaté une énorme diminution de la paranoïa et du drame dans ma vie.

Avec ce changement, j'ai remarqué que les menteurs compulsifs et les amateurs de drame s'éloignaient progressivement de ma vie.

Chapitre 11
UN LIVRE PAR JOUR

"Ce n'est pas la plus forte des espèces qui survit, ni la plus intelligente qui survit. C'est celle qui s'adapte le mieux au changement."

- Charles Darwin

L'habitude de lire

Alors que je regardais Tai's Tedx Talk - *Why I Read A Book a Day and Why You Should Too,* je me suis soudain rendu compte que la lecture était une habitude.

Ce qui a créé cette nouvelle connexion dans mon cerveau, c'est l'analogie que Tai a donnée en invitant le public à venir chez lui ce week-end pour cueillir les cerveaux de certains des grands esprits du passé et du présent. Parmi ces grands esprits, il y avait Mère Theresa, le Mahatma Gandhi et Bill Gates. Je n'avais jamais pensé aux livres de cette manière auparavant.

À l'époque, j'étais à la recherche d'un mentor, de quelqu'un qui pourrait me remplir la tête de connaissances et m'aider à trouver le bon chemin. Alors que je cherchais quelqu'un qui avait quelques longueurs d'avance sur moi, j'avais complètement négligé le fait que les livres pouvaient combler le fossé en ce moment. Les livres ont l'avantage supplémentaire de forcer l'écrivain à vraiment réfléchir et à penser aux principales leçons qu'il a apprises dans sa vie et qui l'ont fait passer de l'ordinaire au grand.

J'ai commencé à lire Gandhi avec l'intention de découvrir des idées sur la maîtrise de soi et des livres d'entrepreneurs tels qu'Elon Musk et Steve Jobs pour avoir un aperçu de la façon dont les entreprises prospères sont créées dans le monde réel.

Modèles mentaux

L'idée de lire un livre par jour m'était totalement étrangère à ce stade. Cela m'a ramené à la difficulté que j'avais à assimiler le concept de parler une langue étrangère dès le premier jour, lorsque j'ai découvert le piratage linguistique.

Le problème venait du fait que j'essayais d'utiliser mon modèle mental existant de regard sur le monde pour donner un sens à un concept complètement nouveau. Un concept qui représentait un changement de paradigme dans ma façon de penser lorsqu'il s'agissait de lire des livres.

Quand Tai dit qu'il lit un livre par jour, il ne dit pas qu'il le lit d'un bout à l'autre. Il a sa propre méthode qui fonctionne pour lui, qui consiste à parcourir le résumé et les chapitres du livre et à en choisir quelques chapitres à lire.

Il se voit comme un chercheur d'or qui cherche des pépites d'or. Sa conviction est que la plupart des livres ne contiennent en réalité qu'une ou deux pépites d'or.

L'idée de lire un livre comme celui-ci m'a d'abord paru étrange. On ne m'a pas appris à penser aux livres de cette manière à l'école, alors je me suis senti très mal à l'aise d'envisager une nouvelle façon de penser aux livres.

Quand avez-vous entendu pour la dernière fois un professeur demander à un élève de parcourir un manuel scolaire, d'en extraire les éléments les plus importants et de le tester dans sa vie? Vous ne l'avez probablement jamais vu, mais c'est le type de compétences que nous devons développer pour le monde réel à l'âge adulte.

Associer le malaise à la croissance

Nous ne sommes plus des enfants ou des adolescents coincés dans un système dépassé et souvent redondant. Nous pouvons choisir de laisser notre esprit vagabonder et de sortir de cette façon fixe de penser à l'apprentissage n'importe quand nous prenons cette décision.

Ce n'est pas toujours facile, mais apprendre à associer le malaise à la croissance m'a aidé à persister et à dépasser nombre des limites mentales que je me suis imposées.

Lorsque vous vous arrêtez vraiment pour y réfléchir, quelle quantité d'informations contenues dans ces manuels scolaires avez-vous conservée après les examens scolaires?

J'ai appris à la dure que sans une application consciente des connaissances, celles-ci restent assez insignifiantes.

La clé pour comprendre quoi que ce soit

Au début, je me suis demandé comment quelqu'un pouvait donner un sens à ce livre s'il le lisait aussi rapidement.

En prenant l'habitude de lire, je me suis rendu compte que cette méthode avait un sens, du moins pour les livres de non-fiction.

Après avoir lu plus d'une centaine de livres dans différentes disciplines sur une période de trois ans, j'en suis venu à voir des modèles récurrents, parsemés de nouvelles idées ici et là.

Des modèles tels que l'apprentissage actif, qui est une composante essentielle de la manière dont nous apprenons naturellement en tant qu'êtres humains. Tai Lopez (marketing), Benny Lewis (langues étrangères) et Jon Sonmez (programmation informatique) mentionnent tous cela comme l'une de leurs philosophies fondamentales qui les ont aidés à progresser dans un monde en constante évolution.

Adopter l'approche du chercheur d'or dans la lecture des livres vous permet d'appliquer et de tester les choses dans le monde réel à un rythme accéléré, car vous choisissez de ne prêter attention qu'à ce qui est le plus pertinent pour vous à chaque étape du processus.

C'est alors que le véritable pouvoir latent de la connaissance est déverrouillé comme une huître qui n'attend que d'être ouverte pour trouver la perle.

Compréhension du monde réel = connaissance +application

C'est donc là que j'ai commencé. J'ai commencé par les titres des livres que vous pouvez trouver dans la section livres du site de Tai Lopez.

Ces livres couvrent de nombreux sujets différents, notamment l'histoire, la philosophie, la psychologie et les affaires. Si vous voulez des réponses à votre vie, c'est l'endroit que je vous recommande de commencer.

Biographies

J'ai finalement commencé à lire des biographies et des autobiographies. Ces livres m'ont permis de mieux comprendre le parcours général des personnes qui réussissent et les modèles et principes qui sous-tendent ces histoires.

J'ai appris comment la partialité des médias vous fera oublier et ignorer les années de dur labeur et de sacrifice qui entrent dans le "succès du jour au lendemain".

J'ai commencé à voir des gens comme Elon Musk et Steve Jobs comme des êtres humains faillibles, tout comme vous et moi, avec des émotions et des motivations réelles qui sont souvent nées de la douleur.

Cela a humanisé ces gens d'une manière que le simple fait de les observer sur un écran de télévision ou dans un magazine ne peut pas faire. Ces livres m'ont donné accès à certaines des pensées et des dialogues intérieurs qui ont façonné leur vie.

Certaines de ces pensées ne sont pas assez sensationnelles pour voir la lumière du jour dans les médias grand public, mais assez profondes pour transformer votre vie si vous les laissez faire. Cela m'a également permis de mieux comprendre l'immense potentiel humain enfermé en chacun de nous.

Chapitre 12

RECABLER VOTRE CERVEAU

"La vie ne consiste pas à se trouver soi-même. La vie, c'est se créer soi-même."

- George Bernard Shaw

Les 67 étapes

Lorsque je suis tombé sur Tai Lopez pour la première fois, je dois admettre que j'étais un peu sceptique et douteux, probablement à cause de sa fameuse vidéo avec la lamborghini. Je pense que jusqu'à ce moment-là, je n'avais jamais acheté quoi que ce soit où un nombre important de personnes disaient que c'était une arnaque.

Le fait d'acheter son programme, les 67 étapes, et d'ignorer les opposants a contribué à renforcer la leçon inestimable de faire confiance à ma propre intuition et de rester ouvert à l'apprentissage de mes propres leçons.

Le but de ce cours est de vous aider à recâbler votre cerveau pour créer un changement positif et durable dans votre vie en téléchargeant les idées des grands esprits du passé et du présent.

Le nombre de jours du programme provient d'une recherche effectuée par Phillipa Lally, de l'University College of London, dans une étude publiée par le Journal européen de psychologie sociale, qui a révélé qu'il faut en moyenne 66 jours pour prendre une nouvelle habitude. Tai a ajouté un jour pour faire bonne mesure.

Le cours consistait en une vidéo par jour. C'est l'habitude suivante que j'ai commencé à intégrer dans ma vie. Ce cours m'a beaucoup appris sur la psychologie humaine, la réussite et la théorie de l'évolution. La plus grande leçon que j'ai tirée de ce cours a été celle de Charles Darwin, qui m'a appris que, quelle que soit l'espèce, l'adaptabilité dans la vie est la chose la plus importante.

Biais cognitifs

J'ai d'abord pris conscience des biais cognitifs du programme les 67 étapes. De grands investisseurs tels que Warren Buffet, Charlie Munger et Ray Dalio parlent tous des moyens de minimiser les effets des biais cognitifs de leur propre cerveau.

La prise de conscience des biais cognitifs a également permis d'améliorer considérablement ma qualité de vie.

Cette prise de conscience m'a permis de mieux comprendre que mon cerveau a une perception déformée de la réalité lorsqu'il n'est pas contrôlé. C'est mon travail de minimiser ces biais, afin que je puisse faire de meilleurs choix de vie.

La tendance à la désinfluence de l'autorité a contribué à expliquer ma tendance naturelle à suivre les instructions simplement parce qu'elles viennent d'une personne en position d'"autorité". La tendance à la preuve sociale a contribué à expliquer pourquoi ma tendance automatique est de penser et d'agir comme les gens qui m'entourent, même si cela ne me semble pas juste. La tendance à éviter l'incohérence a contribué à expliquer mon aversion pour le changement.

Pour une liste et une description des 25 biais cognitifs les plus courants, consultez *The Psychchology of Human Misjudgement* (*La psychologie du mauvais jugement humain*).

Chapitre 13

JE SERAI HEUREUX QUAND...

"Nous dépensons de l'argent que nous n'avons pas, sur des choses dont nous n'avons pas besoin, pour impressionner des gens qui ne s'en soucient pas." - Will Smith

Histoires de conneries

Tant que vous croirez à une histoire de merde, vous resterez bloqué. Entre 2014 et 2016, j'ai décidé de travailler à devenir plus intelligent afin de me libérer des histoires de merde qui contrôlent ma vie à la fois au niveau conscient et inconscient.

J'en avais assez de prendre les opinions pour argent comptant simplement parce que je n'avais pas le langage et la compréhension nécessaires pour les rejeter catégoriquement et les empêcher d'entrer dans mon esprit.

Des opinions telles que "personne n'aime son travail" et "tout le monde déteste le lundi" et des réalités fixes telles que l'économie déterminent votre sort dans la vie. J'en avais assez d'entendre ces récits pleurnichards, répétitifs et sans fin, se dérouler dans mon esprit.

L'internalisation d'une telle vision fixe du monde s'est avérée extrêmement toxique pour moi. Le pire, c'est que je savais que je vivais avec des limitations que d'autres personnes avaient créées.

Pendant trop longtemps, j'avais laissé mon esprit ouvert à l'internalisation des croyances, des opinions et des limites des autres. Il était temps de vraiment commencer à changer cela.

Parlons d'idées

Vers la fin de l'année 2015, j'ai remarqué que je commençais à m'engager dans davantage de conversations centrées sur des idées et à attirer à mon tour dans ma vie davantage de personnes qui réfléchissaient à l'avenir et envisageaient des possibilités plutôt que des manques et des limites. C'était un petit signe, mais très encourageant pour moi.

Lorsque je me concentrais sur le manque et les limites, j'avais l'habitude de me comparer aux autres, de faire ce que tout le monde faisait juste pour s'intégrer, de craindre exagérément d'être jugé et de prêter beaucoup trop d'attention aux nouvelles et à d'autres choses qui étaient hors de mon contrôle. C'était une grande victoire de commencer à m'éloigner de ces expériences et de les réduire dans ma vie.

Néanmoins, j'ai remarqué que mes sentiments quotidiens à mon égard restaient largement inchangés. Ce n'était pas la première fois que je me rendais compte de ce décalage. J'en ai pris conscience pour la première fois au cours de mon cheminement vers la polyglotte.

Avant cela, j'avais supposé que si je pouvais parler plusieurs langues, j'aurais beaucoup plus confiance en moi et je me sentirais généralement mieux dans ma peau. C'était la logique qui venait de ma tête sur le plan intellectuel, mais une fois mon objectif atteint, mes sentiments à l'égard de moi-même n'ont pas du tout changé.

Boucles infinies

Lorsque rien ne bougeait sur le plan émotionnel, je remarquais que ma tendance inconsciente était de me fixer un objectif encore plus grand et de vivre exactement le même schéma une fois de plus. J'ai commencé à appeler cela la boucle "Je serai heureux quand...".

Il n'est pas difficile de voir ce schéma se reproduire dans le système éducatif où le message implicite dans les actions et les comportements des gens va dans le sens de "Je serai heureux quand j'aurai réussi mes examens... diplômé... trouvé un emploi".

Il est très rare de voir des actions et des comportements qui révèlent un étudiant satisfait de sa situation actuelle et réellement enthousiaste à l'idée d'en savoir plus.

L'illusion du jeu de la taupe

En prenant du recul et en observant comment nous avons tendance à aborder les étapes traditionnelles de notre vie, comme l'obtention d'un diplôme, notre premier emploi, notre première promotion, on a presque l'impression que chaque étape dissout un poids de notre esprit et nous rend en quelque sorte heureux.

La vérité, pour moi, c'est qu'une fois qu'une étape a été franchie, il ne faut pas longtemps pour que je me concentre sur la suivante. Les objectifs n'ont cessé de changer, mais mon espoir que cette étape me soulagerait à long terme ou me procurerait un sentiment de satisfaction plus profond a pris beaucoup plus de temps à se réaliser.

C'était presque comme si je vivais ma vie en jouant à un jeu sans fin de jeu de la taupe. Je n'avais jamais vraiment pris le temps de remettre en question cette hypothèse, en grande partie parce que je ne savais même pas qu'elle se jouait dans ma vie, à l'époque elle ressemblait simplement à la vie pour moi.

Chapitre 14

UN MONDE NEUTRE

"Tout ce que nous entendons est une opinion, pas un fait. Tout ce que nous voyons est une perspective, pas la vérité."

- Marcus Aurelius

Briser le moule

Une fois que j'ai pris conscience de cette boucle "Je serai heureux quand...", j'ai su que je ne voulais plus qu'elle continue à contrôler ma vie.

Je n'aurais pas pu vous dire à ce moment-là ce qu'il fallait changer exactement, je savais juste que quelque chose n'allait pas. Il y avait un décalage entre la façon dont je vivais et la façon dont je voulais vivre.

Je savais que je voulais passer plus de temps à créer des choses pour le plaisir et le défi, je voulais avoir un sens, un but et une direction dans ma vie et je voulais être entourée de personnes authentiques et implacablement optimistes.

À l'exception de l'écriture, je ne prenais pas beaucoup de mesures, en grande partie à cause de mes craintes. Je me sentais comme un imposteur lorsqu'il s'agissait d'essayer quelque chose de nouveau et je détestais l'idée de me mettre vraiment en avant et de faire une tentative honnête pour échouer et me mettre dans l'embarras au passage.

Se concentrer sur le processus

À cette époque, j'étais presque uniquement axé sur les résultats. Je ne voyais pas l'intérêt de se concentrer sur le processus et de fixer des objectifs basés sur le processus. Cela a amplifié l'idée que l'échec public était l'une des pires choses que l'on puisse imaginer pour moi et a renforcé la boucle "Je serai heureux quand...".

En me concentrant sur le processus et sur l'épanouissement personnel, je commençais à voir que le fait de gagner ou de perdre est une perspective.

Lorsque vous cessez de chercher une validation externe pour tout ce que vous faites, vous commencez à voir que la vie vous a offert des scénarios de victoire ou de croissance. Avec ce changement de mentalité, je commençais à rompre la boucle du "je serai heureux quand...".

J'avais encore beaucoup à apprendre sur les schémas qui se jouent dans ma vie au niveau émotionnel. Alors, face à un inconnu, j'ai décidé qu'il fallait que je change radicalement mon approche.

Je savais que j'étais à un de ces moments et que ce qui m'avait amené ici ne me ferait pas nécessairement passer au niveau suivant. J'ai donc commencé à faire quelque chose que je n'avais jamais fait auparavant. J'ai commencé à me documenter sur des domaines plus abstraits comme la physique quantique et la philosophie stoïque.

Philosophie stoïcienne

J'avais auparavant lu des livres de psychologie et de philosophie qui m'ont progressivement conduit au stoïcisme. Le plus grand enseignement que j'ai tiré du stoïcisme est que le monde est neutre mais pour le sens que je lui donne.

C'était une pensée fondamentalement différente de ce que j'avais l'habitude de recevoir. Si vous vivez dans le monde occidental et que vous regardez le monde qui vous entoure aujourd'hui, il est facile de voir que la plupart des gens n'ont pas tendance à regarder le monde de cette façon.

Je n'ai pas eu beaucoup de mal à constater que j'ai été formé pour regarder le monde de la manière dont la plupart des gens ont traditionnellement tendance à le regarder aujourd'hui.

La plupart des gens semblent attacher une signification très spécifique et concrète à un événement et ont tendance à minimiser ou à rejeter carrément leur propre perception de l'événement.

La lecture des anomalies qui ressortent fréquemment des témoignages des témoins oculaires laisse penser que notre perception a une énorme influence sur ce que nous voyons.

Mon impulsion automatique est de négliger le rôle que joue ma perception. Au départ, il m'a semblé contre-intuitif de considérer que le sens pourrait venir de moi plutôt que de l'événement lui-même.

Cependant, mon expérience de la psychose m'a appris que je ne vis pas dans un monde entièrement objectif. Cette expérience m'a permis de divertir et de commencer à intérioriser les idées contenues dans le stoïcisme.

Après tout, l'une des personnes qui vivaient selon une philosophie stoïque était Marc-Aurèle, empereur et général romain. S'il pouvait voir la neutralité du monde qui l'entourait dans les circonstances quotidiennes auxquelles il était confronté, alors je pourrais au moins ouvrir mon esprit à ce sujet.

Chapitre 15

APPRENTISSAGE EN LIGNE

"On ne change jamais les choses en luttant contre la réalité existante. Pour changer quelque chose, il faut construire un nouveau modèle qui rend l'ancien obsolète." - Buckminster Fuller

Ouvrir les yeux sur les médias sociaux

Vivre avec la psychose et avoir accès aux médias sociaux était un cauchemar complet et total. En faisant défiler les conversations passées, je commençais à voir apparaître partout des significations et des perspectives différentes.

Alors qu'auparavant je regardais un message d'un point de vue innocent, mon cerveau commençait maintenant à déformer ma perception et à rechercher les mauvaises intentions dans les messages que j'avais reçus au fil des ans de différentes personnes.

Je commençais à voir les faux amis pour la première fois et je commençais à voir que peut-être les choses que j'avais perçues comme étant des "conneries" étaient en fait ce qu'elles disaient vraiment.

Éteindre et allumer mon cerveau sur les médias sociaux

Après un parcours semé d'embûches, j'ai fait une pause dans les médias sociaux, pensant que c'était la source de mes problèmes.

Quelques mois plus tard, je suis revenu aux médias sociaux. C'est alors que j'ai commencé à réaliser que les médias sociaux n'étaient pas le problème. Le problème était le dysfonctionnement humain. Alors que je commençais à accepter mon propre dysfonctionnement, j'ai commencé à chercher les possibilités qu'offrent les médias sociaux au lieu de chercher les problèmes.

Je suis passé d'une utilisation passive des médias sociaux à une création plus consciente sur ces derniers. Le nom de mon podcast *"The*

Happy Mindset" vient d'une page Facebook et du simple désir de partager les choses que j'apprenais et qui avaient un impact positif sur ma vie.

Mon hypothèse était que Facebook est un outil neutre, vous pouvez soit l'utiliser pour vous engager et alimenter la négativité, soit l'utiliser pour partager et diffuser la réalité et la positivité.

La Révolution Technologique

Dans mes années de formation, je n'avais pas accès au World Wide Web tel qu'il existe aujourd'hui. J'étais à l'école primaire quand je me souviens d'avoir vu mon premier ordinateur. Je n'ai pas trouvé tout cela très intéressant, juste un tas de documents Word et un professeur qui nous a aidés à faire quelques recherches de base.

Tout au long de mon éducation formelle, jusqu'à ce que je sois diplômé de l'université, je n'ai pas vu les ordinateurs de la même manière que je les vois maintenant. Il ne m'est pas vraiment venu à l'esprit que l'on pouvait utiliser ces machines pour s'éduquer soi-même et transformer sa vie.

Je les voyais uniquement comme un moyen de faire des recherches pour une mission ou comme un moyen de remettre à plus tard et de tuer le temps. Il est vrai que la technologie était très différente à l'époque, il était donc beaucoup plus facile de négliger l'immense possibilité qui s'offrait à moi.

Mais la technologie a changé la donne à jamais. Vous n'avez plus besoin de vivre dans l'ignorance ou de vous baser sur le système de croyance de quelqu'un d'autre. Vous pouvez exercer votre pouvoir de choix quand vous le voulez.

Si vous n'êtes pas satisfait du statu quo dans votre environnement actuel, vous pouvez utiliser l'internet comme une autoroute pour vous connecter à de nouvelles personnes, idées et croyances. Des idées et des croyances qui ont le pouvoir de vous aider à mieux vous comprendre et à exploiter davantage votre véritable potentiel.

Je crois que si vous avez une raison suffisamment forte, vous trouverez toujours un moyen de faire de vos visions et de vos rêves une réalité, mais sans internet, je sais que mon voyage aurait été beaucoup plus long et beaucoup plus fastidieux.

Mind Valley

La prochaine étape majeure de ma formation autodidacte a donc été l'inclusion de cours en ligne. Mind Valley a été la première plateforme à laquelle je me suis inscrit qui était un peu différente de ce à quoi j'étais habitué.

Avant de suivre des cours à Mind Valley, j'avais utilisé des plateformes comme Udemy, Udacity, Khan Academy et Lynda. Le fondateur de Mind Valley est Vishen Lakhiani. J'ai aimé l'histoire de Vishen et j'ai senti qu'il avait un but et une direction dans sa vie, c'était exactement ce que je cherchais.

Une pincée est utile, mais pas toute la jarre

En prenant ces mesures, mon plus grand obstacle est venu de mon propre cynisme. Je pense qu'une pincée de cynisme est saine et peut vous aider à rester fermement ancré dans la réalité. Cependant, à un moment donné, j'avais pris un grand bocal de cynisme et je l'avais porté autour de mon cou comme un poids mort.

Mon cynisme à l'égard du monde qui m'entoure vient en grande partie de ma conviction que si quelque chose semble trop beau pour être vrai, alors il l'est. Avec cette croyance, soit je négligeais tout ce qui semblait trop positif, soit je regardais d'assez près jusqu'à ce que je trouve quelque chose que je n'aimais pas, afin de pouvoir réaffirmer ma croyance autolimitée.

Regarder la vie à travers cette lentille était facile. Cela signifiait que je ne serais jamais déçu parce que je n'avais pas besoin d'ouvrir mon esprit à quelque chose de nouveau. À mes yeux, je n'ai jamais eu l'air idiot parce que je ne tenterais jamais quelque chose que je n'étais pas sûr de réussir.

L'illusion de la certitude

Cependant, le revers de'adhérer dans l'illusion de la certitude est que je suis devenu plus craintif à l'égard du monde qui m'entoure. J'étais moins spontané, plus prévisible et j'avais généralement moins d'expériences et de cadres de référence sur lesquels m'appuyer pour approfondir ma compréhension du monde et des gens qui m'entouraient.

Heureusement, je n'ai pas attendu d'être guéri de mon cynisme pour aller de l'avant et ouvrir mon esprit à l'étude de la Mind Valley. J'ai choisi d'agir malgré mon malaise et mon incertitude quant à ce qui m'attendait.

Désillusion & Brules

Vishen a fait ses premiers pas dans la création de la Mind Valley lorsqu'il s'est senti malheureux après avoir décroché son premier emploi de génie logiciel chez Microsoft. J'ai immédiatement compris son sentiment de désillusion entre ce que le monde nous dit nous rend heureux et ce qui nous rend vraiment heureux.

Son livre, *The Code of the Extraordinary Mind*, m'a permis de mieux comprendre comment Vishen percevait le monde. J'ai vraiment trouvé une résonance dans son mot "Brule", un terme qu'il a inventé pour décrire une règle de merde.

Il a utilisé ce mot pour mettre en lumière certaines des croyances ridicules que nous adoptons depuis notre petite enfance, notre culture et les gens qui nous entourent sans jamais vraiment prendre le temps de remettre en question ces croyances lorsque nous mûrissons et nous développons à l'âge adulte.

Apprendre peut réellement améliorer votre vie

Les cours de Mind Valley m'ont aidé à m'ouvrir l'esprit au tantra, le pouvoir de l'esprit humain et de l'alimentation. Je ne me serais jamais attendu à ce que je vienne en apprendre sur le tantra.

Pendant cette période, je commençais à mieux comprendre pourquoi l'immersion dans des domaines très variés peut s'avérer inestimable car elle permet d'apprendre l'art d'apprendre et de rechercher des modèles. Pour en savoir plus sur cette façon de penser l'apprentissage, consultez *The First 20 Hours de Josh Kaufman*.

Pendant cette période, j'ai commencé à réaliser que l'on peut apprendre par plaisir. J'ai également commencé à apprécier la grande quantité de choses que je pouvais apprendre.

Jusqu'au début de la vingtaine, j'associais le mot "apprendre" à des manuels scolaires arides, à la réussite d'examens et à une obligation. Dans la vingtaine, ma compréhension de l'apprentissage a changé pour devenir une opportunité et a inclus l'apprentissage sur moi-même et sur l'univers.

Transition du monde en ligne au monde réel

J'ai passé quelques mois à suivre les cours de Mind Valley pendant mon temps libre, mais il est arrivé un moment où je voulais passer de l'enseignement en ligne à l'enseignement dans le monde réel. C'est à cette époque que j'ai pris conscience du marketing à multi-niveaux (MLM).

Mes interactions avec mon premier MLM ont été une autre expérience nouvelle, inconfortable mais très intéressante pour moi. Le développement personnel était une composante importante de ce qu'ils faisaient et c'était une variété de développement personnel très énergique à la Tony Robbins où je me sentais vraiment comme un poisson hors de l'eau.

Le MLM a été créé autour d'une de mes principales passions: les voyages. Bien que je n'aie pas beaucoup voyagé dans la vingtaine, car j'ai dépensé presque toutes mes économies pour mon auto-éducation, j'aime avoir l'occasion de voyager et de rencontrer de nouvelles personnes. Cela, combiné à la perspective de créer un revenu d'appoint, m'a suffi pour lui donner une chance. Après avoir passé quelques mois à tremper mon orteil dans l'eau, je me suis rendu compte que cela ne correspondait pas tout à fait à ce que je voulais faire et à l'impact que je voulais avoir dans le monde.

OK - Je suis prêt à m'engager

Ce que je retiens de cette expérience, c'est que j'étais prêt à prendre les mesures nécessaires pour sortir de ma zone de confort, mais il fallait que ce soit quelque chose en quoi je croyais pleinement et qui vienne de l'intérieur de moi. C'est devenu ma façon non négociable d'aller de l'avant.

Lorsque j'ai pris la décision de quitter le MLM, il n'a pas fallu longtemps avant que je tombe sur un Meetup à Dublin qui mentionnait Bob Proctor. J'étais tombé sur la Mind Valley en écoutant certaines vidéos de Bob Proctor et j'avais en quelque sorte oublié Bob au passage.

Chapitre 16

SORTIR DE MA ZONE DE CONFORT

"Les analphabètes du XXIe siècle ne sont pas ceux qui ne savent ni lire ni écrire, mais ceux qui ne peuvent pas apprendre, désapprendre et réapprendre." -Alvin Toffler

Aide à l'autonomie et développement personnel

Chaque fois que j'ai pensé aux mots "développement personnel" ou "auto-assistance", je me suis sentie mal à l'aise. J'étais attiré par ce domaine, mais je n'en savais rien.

Je n'avais pas d'amis proches qui parlaient de développement personnel. J'avais cette peur que ce monde me consume si je n'étais pas assez prudent. Je craignais de me perdre et de devenir quelqu'un que je ne suis pas. Je redoutais l'idée que mes amis et ma famille m'appellent le type qui vit dans un pays de coucous avec la tête dans les nuages.

Malgré les nombreux blocages mentaux et émotionnels, j'avais autour des mots développement personnel et auto-assistance, je me suis retrouvé à écouter les personnes qui se trouvaient dans cet espace.

J'ai commencé à écouter des gens comme Bob Proctor, Eric Thomas, Les Brown, Lewis Howes, Marie Forleo, Jay Shetty, Jim Rohn, et d'autres personnes motivantes et perspicaces. Je voulais écouter des gens qui pensaient en termes de possibilités plutôt que de manque et de limites. Je voulais que ce type d'état d'esprit commence à déteindre sur moi.

Prendre quelque chose à tout le monde

À cette époque, j'apprenais également à prendre quelque chose de chacun, une idée que j'ai intériorisée à partir du

programme 67 Steps. Jusqu'à ce que je prenne les 67 étapes, j'avais une façon très rigide de voir le monde.

Sans le savoir, je croyais que quelqu'un était soit bon, soit mauvais, mais qu'il ne pouvait pas être les deux. J'avais également du mal à apprendre de quelqu'un qui ne correspondait pas à mes critères de personne "parfaite".

> "Either you are a Victim in life - a sucker or a loser who's always being taken advantage of and can't hold their own - or you're a VIKING - someone who sees the threat of being victimized as a constant, so you stay in control, you dominate, you exert your power over other things, and you never show vulnerability."
> -Brene Brown

En lisant l'œuvre de Brené Brown, je me suis rendu compte que le modèle mental à travers lequel je percevais le monde était largement dominé par l'optique de la victime ou du viking.

Ce n'était pas difficile à comprendre, je vivais en grande partie inconsciemment de la façon dont mon environnement me façonnait.

Le fait de vivre dans l'ignorance de l'effet que les médias avaient sur moi a laissé mon esprit grand ouvert pour percevoir le monde comme un endroit très négatif et hostile où vivre. Les messages implicites des bonnes personnes par rapport aux mauvaises, la nécessité de rester effrayé pour rester en sécurité, ce ne sont là que quelques-uns des messages implicites que j'ai laissé mon esprit ouvert à la réception et mon corps à l'internalisation au quotidien.

De la peur à la curiosité

Le programme 67 Steps m'a permis de prendre la décision de m'intéresser au monde qui m'entoure. Je n'étais plus prêt à accepter que des choses soient dignes d'intérêt ou pertinentes simplement parce qu'elles apparaissaient sur un écran de télévision ou dans le journal.

J'ai décidé de vivre plus consciemment et de m'immerger dans des ressources qui pouvaient me donner du pouvoir au lieu de me piéger. Ces ressources comprenaient des livres, des cours et des vidéos que j'ai consommés en grande quantité dans le but de nourrir mon esprit et mon âme.

Il existe un dicton bien connu dans le monde de la programmation informatique : "Garbage in, garbage out". J'ai pris cela à cœur et j'ai décidé que mon esprit ne serait plus laissé ouvert à l'acceptation d'une négativité inutile frisant l'absurdité totale et totale.

Traduction de mon développement personnel

La participation à des webinaires et à des événements en ligne a été l'une des premières étapes de mon entrée dans le monde du développement personnel. Le passage aux événements du monde réel a fait naître une nouvelle série d'émotions inconfortables qui m'ont submergé comme un tsunami de questions inconfortables.

Et si quelqu'un me voyait ici ? et *qui sont ces gens de toute façon ?* Ce ne sont là que quelques-unes des questions qui m'ont traversé l'esprit lorsque j'étais assis, mal à l'aise, au milieu d'un groupe de personnes que je ne connaissais pas d'Adam cinq minutes plus tôt.

Pour ajouter de l'huile sur le feu, j'ai jugé que j'étais capable de divertir ces pensées. Je croyais naïvement que le développement personnel consistait à viser à penser positivement tout le temps.

Je me suis rendu compte plus tard que cette perception erronée était la principale source de mon malaise face aux mots "développement personnel". Je me sentais comme l'imposteur ultime alors que j'étais assis là à me dire que si seulement ils connaissaient le type de pensées qui me traversent la tête, ils ne voudraient pas de moi ici.

L'ordre du chaos

Malgré toute cette confusion interne, j'ai réussi à aller à quelques rencontres et à chaque événement, je me suis senti plus à l'aise en me sentant comme un idiot et un poisson hors de l'eau.

Au lieu de toujours chercher la voie de la moindre résistance, j'ai fait un pas de plus pour entraîner mon esprit à prendre la voie de la plus grande résistance.

Les informations auxquelles j'étais exposé m'aidaient à comprendre progressivement mes émotions, mes pensées et mon esprit à un niveau plus profond.

J'apprenais que tout problème que je rencontrais dans ma vie commençait toujours par moi. Cela m'a permis de prendre davantage en main ma vie au lieu de croire que j'étais victime des circonstances.

Avant d'assister à ces événements et de m'immerger dans ce monde, j'avais cru que c'était l'opinion des autres sur le développement personnel qui était la raison pour laquelle je me sentais mal à l'aise.

Ce n'est qu'en me rendant régulièrement à ces événements, en suivant des cours et en lisant des livres que j'ai commencé à réaliser que le malaise venait de mon propre système de croyances. Mes croyances étaient la seule chose qui changeait progressivement et c'est ce changement qui transformait le chaos en ordre dans mon esprit.

Au fur et à mesure que je commençais à comprendre les choses mêmes qui me faisaient peur, l'anxiété et les émotions inconfortables qui me submergeaient devenaient de moins en moins problématiques. J'ai commencé à voir, peut-être pour la première fois, que je n'étais pas le seul à être complètement perdu et que je n'étais pas le seul à manquer de compréhension.

Les leçons de Bob

"Nous pensons en secret, et cela arrive, que l'environnement n'est que notre miroir"

- James Allen

Bob Proctor parle beaucoup des lois de l'univers et de l'esprit. L'un des principaux enseignements que j'ai tirés de son travail est que l'on ne se débarrasse pas du froid en le combattant, mais qu'il faut plutôt allumer un feu et se concentrer sur la chaleur qui éliminera le froid.

Cela a renforcé ma théorie selon laquelle, au lieu de combattre ce que vous ne voulez pas, concentrez-vous sur ce que vous voulez.

Deux autres points clés que j'ai retenus de mon étude de son matériel sont que le subconscient pense en images et que si je veux être libre, je dois être moi.

Investissez en vous-même

En 2016, après avoir participé à plusieurs rencontres et ateliers, j'ai décidé qu'il était temps de m'engager à mettre ma vie à niveau, à obtenir de nouveaux résultats et à percevoir le monde différemment.

Warren Buffet, l'un des hommes les plus riches du monde, est souvent cité comme ayant dit : *"l'investissement le plus important que vous puissiez faire est en vous-même"* et c'est ce que j'ai choisi de faire.

C'est ce que j'ai choisi de faire. J'ai suivi le programme Thinking Into Results de Bob. À l'époque, c'était un énorme investissement pour moi et je n'étais pas tout à fait sûr de ce que je voulais obtenir de ce programme, mais je savais que je voulais un changement.

L'idée de suivre ce programme m'a mis mal à l'aise, ce qui était un signe certain de résistance majeure. C'était le plus gros investissement financier que j'avais fait en moi et cela m'a vraiment poussé et étiré hors de ma zone de confort.

Grâce à ce programme, j'ai commencé à voir l'intérêt de remettre en question et de modifier mes croyances limitantes en passant à l'action.

J'ai commencé à comprendre l'immense pouvoir et la simplicité de l'esprit.

J'ai commencé à voir les excuses que mon cerveau inventait sur-le-champ pour m'empêcher d'avancer. Il y avait des exercices de concentration et de visualisation ainsi que différentes affirmations. Ce programme m'a aidé à m'approprier davantage ma vie et m'a simplifié la vie.

Il y a encore quelque chose qui manque..

À l'époque, je vivais encore dans l'esprit de chercher la "bonne réponse", de trouver une taille unique et de comprendre ce qui fonctionne et ce qui ne fonctionne pas.

Je ne savais pas que je vivais avec cet état d'esprit à l'époque et il faudrait encore quelques années avant que je ne m'en rende compte, mais je suis si heureuse d'en être plus consciente maintenant.

Le fait de vivre inconsciemment avec cette mentalité a suffi à me maintenir dans un mode de recherche et de souffrance mentale inutile.

Alors que je comprenais mieux le pouvoir de l'esprit, de l'action et de l'habitude, je commençais à sentir qu'il me manquait quelque chose sur le plan personnel.

J'avais encore l'impression que mon estime de moi dépendait de l'obtention de ces grands résultats que je m'étais fixés. Cela ne me convenait pas tout à fait.

Ne vous méprenez pas, je veux obtenir des résultats plus importants et meilleurs, mais je ne veux pas que les résultats viennent avec un manque de perspective sur l'ensemble ou un sentiment de désalignement.

Ma santé mentale avait déjà souffert une fois auparavant, alors cette fois-ci, je voulais m'engager dans une approche plus globale, même si cela signifiait que je devais adopter une approche à plus long terme pour trouver le vrai succès et le bonheur.

Chapitre 17
REMETTEZ EN QUESTION VOS CONVICTIONS LIMITATIVES

"Comment pouvez-vous réaliser votre plan décennal dans les six prochains mois?"

- Peter Thiel

Hypothèses et croyances limitatives

Je ne savais pas quelles étaient les croyances limitantes jusqu'à ce que je me mette au défi d'apprendre l'espagnol et l'italien en 6 mois en 2010. L'idée d'apprendre deux langues m'a rapidement obligé à repenser fondamentalement tout ce que je croyais savoir sur l'apprentissage des langues.

En me forçant à penser différemment, j'ai découvert la fréquence d'utilisation des mots, j'ai remis en question le cycle traditionnel d'étude des matières "débutant", "intermédiaire" et "avancé" et j'ai découvert de nouveaux concepts tels que le fait de parler dès le premier jour.

Une fois que j'ai atteint la maîtrise de la conversation dans les deux langues en trois mois, j'ai commencé à réaliser que la seule chose qui m'empêchait de le faire plus tôt était les limites que je m'étais imposées.

Le matériel existait sur Internet bien avant que je n'en prenne conscience et ce n'est pas que j'avais réussi à devenir 10x plus intelligent en l'espace de 3 mois.

Compétences transférables

Le codage a d'abord attiré mon attention en raison de deux croyances auto-limitatives. En 2014, j'ai rencontré William qui, à l'époque, apprenait lui-même à coder.

Deux choses m'ont immédiatement frappé à ce sujet. J'avais toujours pensé qu'on ne pouvait pas simplement apprendre à coder en suivant des tutoriels en ligne et des projets de construction et espérer en tirer un véritable emploi. Le système éducatif m'avait conditionné à adhérer à l'idée qu'un diplôme d'informatique était la condition la plus élémentaire nécessaire.

La deuxième raison est qu'il m'a dit " tu n'as pas besoin d'être un génie des mathématiques... ". À l'époque, je croyais que le codage était purement mathématique et scientifique et qu'il n'avait rien à voir avec la linguistique.

Sortez de votre vision du monde conditionnée

Une fois de plus, la réponse était dans les mots "langage de programmation informatique", mais quand on est conditionné à regarder le monde d'une certaine manière, on a tendance à passer à côté de ce qui est évident.

Ces deux hypothèses, combinées à mon expérience d'auto-apprentissage de l'espagnol et de l'italien, m'ont amené à passer de l'apprentissage des langues humaines à celui des langues informatiques.

En décrochant un emploi de réparateur d'ordinateurs et en passant du moins susceptible de réparer un ordinateur dans ma famille à celui de personne à contacter, j'ai de nouveau montré le pouvoir de la confiance en soi.

En écrivant ce livre, j'ai finalement fait la transition vers un rôle de développeur de logiciels qui m'a permis d'entrer dans un autre monde au-delà de mes barrières mentales.

Jusqu'au moment où je suis devenu curieux de la programmation informatique et de la création de sites web, j'avais toujours associé ces choses à des geeks très intelligents qui manquaient de compétences sociales.

Repenser ma perception des langues étrangères et de la programmation informatique m'a amené à me demander quelles autres suppositions limitatives je faisais sur moi-même et sur le monde qui m'entoure.

Compétences générales

Le premier livre qui m'a ouvert l'esprit au monde des compétences relationnelles a été The *Charisma Myth* d'Olivia Fox Cabane. Pour être honnête, je n'avais pas beaucoup réfléchi à la façon dont les traits de personnalité se développent. À l'époque, je n'étais même pas conscient que les compétences relationnelles étaient vraiment un domaine sur lequel on pouvait travailler.

On ne m'a pas appris à l'école la distinction entre les hard skills et les soft skills. J'avais toujours pensé que les gens avaient une personnalité fixe.

Je n'avais pas beaucoup réfléchi à la façon dont ces personnalités se développaient au départ. Je pensais que des choses comme le charisme, la sympathie et l'ouverture d'esprit étaient des qualités naturelles innées que l'on possédait ou non.

En prenant conscience de l'importance des compétences relationnelles, j'ai commencé à les voir mentionnées plus souvent. J'ai remarqué qu'on en parlait dans le monde de la programmation informatique comme de la différence essentielle entre un free-lance qui réussit et un autre qui échoue. Bien sûr, il faut de bonnes compétences techniques, mais sans compétences relationnelles, on est en mer sans pagaie.

Pour moi, le développement des compétences relationnelles ne se limite pas à la collecte de nouvelles informations et à la pratique de nouvelles techniques, mais j'ai également senti qu'une grande partie du développement des compétences relationnelles venait de la libération de croyances auto-limitatives.

Qui suis-je vraiment?

Rétrospectivement, chaque fois que j'ai fait un changement important dans ma vie, mon système de croyances a également changé. Il ne s'agit pas seulement de rassembler toutes les informations "correctes", si c'était le cas, les personnes les plus accomplies et les plus satisfaites seraient celles qui en savent le plus.

En réalité, les personnes qui en savent beaucoup intellectuellement ou qui pensent en savoir beaucoup sont souvent des âmes torturées.

Mes convictions sur qui j'étais et sur ce que j'étais et n'étais pas capable de faire devaient être fondamentalement modifiées. Lorsque j'ai commencé à regarder dans cette direction, j'ai commencé à prêter plus d'attention à la relation que j'entretenais avec mes pensées.

Chapitre 18

SOYEZ LÀ MAINTENANT

"J'ai réalisé que le passé et l'avenir sont de véritables illusions, qu'ils existent dans le présent, qui est ce qu'il y a et tout ce qu'il y a."

- Alan Watts

Méditation

J'ai utilisé la méditation comme un moyen d'approfondir mon esprit et de découvrir ma relation avec mes pensées.

Avant de prendre l'habitude de la méditation en 2016, je n'avais que très peu de distance avec mes pensées. Avec ce manque de distance et de perspective, la méditation me mettait vraiment mal à l'aise.

Si vous regardez la méditation objectivement, à quel point cela peut-il être difficile? C'est essentiellement un être humain assis en silence. Un être humain qui n'est qu'un être.

La seule chose qui pourrait rendre la méditation difficile serait le type de pensées qui bouillonnent de l'intérieur.

Éliminer mes perceptions erronées

J'avais l'habitude de négliger complètement la méditation. Je pensais qu'elle était réservée aux personnes bibliques et éclairées. En grandissant, Jésus était la seule personne dont j'avais entendu parler qui pratiquait activement la méditation. Je ne voulais pas que les gens pensent que j'avais un complexe du Messie en disant que maintenant je méditais aussi.

Tout cela n'était que des perceptions erronées et des astuces de mon propre esprit. D'une part, j'ai découvert que je n'avais pas besoin de dire à qui que ce soit que je méditais ou de transformer cela en une sorte de compétition bizarre. Je ne le faisais pas pour améliorer ma conscience de soi, mais pour ma propre tranquillité d'esprit.

Partant de cette intention, ce que la méditation s'est avérée être pour moi était une occasion de m'asseoir avec mes pensées. En m'asseyant avec elles, j'ai pu mettre en lumière une partie de la folie qui me traverse l'esprit au quotidien.

J'ai commencé à voir que cette folie n'était pas moi. J'avais toujours pensé que c'était moi jusqu'à ce que je découvre la méditation. L'acte de méditation m'a également donné accès à une meilleure idée de ce que l'état de flux ressent dans ma vie quotidienne.

J'ai commencé à prendre de la distance et de la perspective par rapport à certaines de mes pensées les plus limitatives et les plus gênantes. Cette distance et cette perspective me permettent de prendre plus rapidement du recul lorsque je vis avec un esprit éveillé dans ma vie quotidienne.

J'ai commencé à utiliser des méditations guidées sur l'application Head Space pendant 10 minutes par jour. L'acte de méditation était une inconnue pour moi, mais je savais que la cohérence et la concentration sur le processus m'aideraient à persévérer.

Questions gênantes

Au cours des premières semaines, je me suis demandé, entre autres, qui pensez-vous être en train de méditer? et que *<insérez le nom de la personne>* penserait de vous si on vous voyait?

Ces pensées étaient très inconfortables à supporter. Dans ma vie quotidienne, c'était le type de pensées et d'émotions que j'essayais inconsciemment d'éviter en n'essayant pas de nouvelles choses ou en étant le vrai moi.

Il m'a fallu quelques semaines pour commencer à réaliser que certaines de ces pensées venaient de mon propre esprit et non des personnes que je m'imaginais en train de me juger à ce moment-là.

Trompe-moi deux fois, honte à moi

C'est dire à quel point l'esprit est puissant et à quel point il peut facilement vous tromper. J'étais assis seul dans ma chambre pendant dix minutes par jour et, dans les moments où ces sentiments et ces pensées se sont manifestés, ma première réaction a été de courir vers les collines.

C'était étrange pour moi de commencer à voir que ce dont j'avais vraiment peur pendant tout ce temps était certaines de mes propres pensées non reconnues.

Les pensées sont glissantes et l'esprit peut être incroyablement trompeur, mais en procédant pas à pas, un jour à la fois, j'ai pu me libérer progressivement de mes pensées les plus limitatives et les plus débilitantes.

Si je regarde en arrière, ma plus grande force a été ma persévérance implacable, même si quelque chose n'a pas l'air de fonctionner si elle me semble toujours alignée, je n'y renonce pas.

Même si j'avance à pas de tortue, je me suis rendu compte que faire avancer sa vie dans la bonne direction représente plus de la moitié de la bataille.

Méditez pour reprendre votre pouvoir

Le plus grand bénéfice que la méditation a apporté à ma vie a été que c'était un autre moyen qui m'a aidé à reprendre plus de ma puissance et de mon énergie vitale.

Avant de méditer, une grande partie de mon énergie était encore concentrée sur des circonstances, des personnes et des situations qui étaient totalement hors de mon contrôle.

Avec la méditation, j'ai pris la décision de bloquer intentionnellement le monde extérieur. Lorsque vous faites cela, il n'y a personne d'autre que vous pour vous approprier vos pensées et vos émotions.

Au début, c'est une prise de conscience effrayante, mais c'est aussi la prise de conscience qui va lentement enlever la charge négative de vos pensées et émotions les plus limitantes et commencer à vous faire avancer sur votre propre chemin.

La prochaine fois que vous vous retrouverez à tergiverser pour faire le travail intérieur dont vous savez qu'il améliorera votre vie, demandez-vous si ce n'est pas simplement une peur de vous affronter? Alors, faites quand même le travail.

Taking My Life Back

Chapitre 19

L'ESPACE

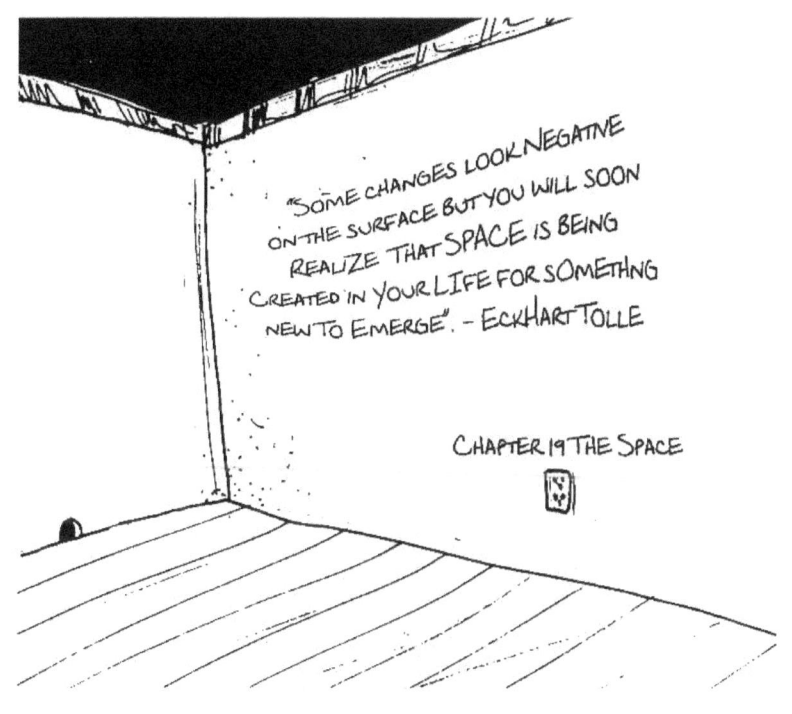

Le Passage vers la pensée positive

En parcourant les livres sur l'étagère d'un kiosque à journaux de l'aéroport de Cardiff, j'ai eu l'impulsion soudaine d'acheter un livre au hasard. Ce n'est pas la première fois que cela se produit, je suis un adepte des synchronicités.

Je pense que les synchronicités et les choses qui semblent se produire comme par hasard font de la vie un endroit beaucoup plus coloré, intéressant et excitant.

Après avoir lu la couverture d'une poignée de livres, un livre violet a soudain attiré mon attention. Le titre a simplement été lu - *Results* par Jamie Smart.

Je revenais du week-end de l'anniversaire de mon ami Dan à Swansea et la question que je me posais était *qu'est-ce que je néglige fondamentalement quand il s'agit de comprendre comment fonctionne mon esprit?*

À l'époque, je gravitais autour de la pensée positive. Je pensais que c'était mes propres histoires de merde qui me mettaient mal à l'aise par rapport à la pensée positive. Ma perception de la pensée positive à cette époque était qu'il s'agissait de toujours se concentrer sur les points positifs et de bloquer les points négatifs.

Dans une certaine mesure, l'accent mis sur la pensée positive a fonctionné pour moi. Mais le revers de la médaille, c'est que j'avais l'impression que mon esprit résistait aux aspects négatifs tout autant qu'il essayait de se concentrer sur les aspects positifs. J'ai jugé que j'avais des pensées négatives dans ma tête et que ce faisant, je me rendais les choses plus difficiles.

Je veux dire, à quoi bon s'efforcer de créer une vie "parfaite" si je ne peux pas accepter qui je suis? Pour moi, avoir des pensées négatives fait partie de qui je suis.

Ce qui compte le plus, ce ne sont pas les pensées spécifiques dans votre tête, mais la façon dont vous choisissez d'interagir avec elles. Les pensées sur lesquelles vous choisissez d'agir finiront par se manifester dans votre réalité si vous leur accordez suffisamment de temps.

Si vous vous demandez si vous résistez aux pensées négatives en ce moment, faites attention à la façon dont vous utilisez votre esprit pour vous faire avancer.

Lorsque des pensées et des histoires négatives se présentent à vous, avez-vous tendance à y résister et à les bloquer ou êtes-vous capable de les accepter et de continuer à concentrer votre attention sur l'action et la recherche de solutions?

Avez-vous l'impression d'avoir du mal à avancer ou vous sentez-vous ancré et centré sur votre objectif?

Je pensais que toutes les réponses viendraient de ma façon de penser à moi et au monde qui m'entoure.

D'après les cours que je suivais et certains des livres que je lisais, je commençais à penser qu'il était essentiel de se construire une image positive de soi pour mener une vie heureuse et réussie.

L'image de soi - la réponse ou une prison plus agréable?

Je pensais qu'une image positive de soi était la différence entre les personnes qui se surpassent et vivent pleinement leur vie et celles qui se contentent de la moyenne.

Mais quelque chose ne me convenait pas à cette époque, à savoir la pensée positive, les affirmations et la création d'une meilleure image de soi. Je me sentais comme un imposteur et comme si j'essayais de prétendre être quelqu'un que je n'étais pas.

J'avais l'impression que tout dépendait de la façon dont les autres me percevaient et qu'une vie dépendant de la perception que les autres avaient de moi ressemblait davantage à une vie d'emprisonnement.

Je pensais qu'il y avait quelque chose de mal à créer une image de soi au départ, mais je n'arrivais pas encore à mettre le doigt dessus.

J'avais l'impression de recouvrir les fissures de papier, de la même manière que je savais que le fait de prendre des médicaments ne ferait qu'atténuer la douleur réelle que représente le fait de jeter un regard honnête sur ma vie et sur ce qui se passe réellement sous la surface avant de faire quoi que ce soit d'autre.

La pointe de l'iceberg

Bien que mon changement de mentalité, qui consiste à regarder la vie à travers la lentille d'un esprit de croissance, ait considérablement amélioré la qualité de ma pensée et la façon dont je me sens, j'ai eu le sentiment que ce n'était que la partie émergée d'un iceberg beaucoup plus profond.

Des livres comme *The Power of Now* d'Eckhart Tolle semblaient pointer vers quelque chose de beaucoup plus profond que la pensée positive. Mais je pensais que peut-être Eckhart et ces professeurs spirituels du nouvel âge étaient des cas particuliers et que le reste d'entre nous, les gens "normaux", devrions trouver quelque chose de plus réel.

Je n'en étais pas conscient à l'époque, mais tous les changements qui s'étaient produits dans mon esprit jusqu'à ce moment-là avaient commencé par un espace et c'était ce que Eckhart et d'autres indiquaient, l'espace sous les mots.

L'espace au delà des mots

Dans le monde occidental, notre esprit n'est pas conditionné pour interpréter ou donner un sens à l'espace vide. Je n'avais aucune idée qu'il y avait un espace vide sous le bavardage mental de mon esprit conditionné.

Je ne pense pas que l'existence de l'espace entre mes pensées était une sorte de secret que le monde me cachait. Avec le contraste entre ma vie actuelle et ma vie passée, je peux voir que mon esprit conditionné ne serait pas resté assis assez longtemps pour devenir curieux de la nature des pensées dans ma tête.

Les pensées auxquelles je m'étais identifié pendant si longtemps qu'elles avaient le pouvoir de me causer d'immenses dommages psychologiques.

Soyez cohérent - ou bien!

Avec le recul, c'était comme si quelqu'un me suivait partout avec un pistolet sur la tempe en me disant d'agir d'une certaine manière et de m'assurer que j'étais cohérent à ce sujet.

Une partie de mon identité fixe consistait à être sympathique aux autres et à m'adapter à leur version de la normalité. Cette identité à elle seule était une recette pour le désastre.

Tout cela était inconscient bien sûr, ce n'était pas comme si je me promenais en me répétant des mantras comme si *je devais être aimé des autres*. Ce n'est qu'en examinant de près et honnêtement mes habitudes, mes actions et mes comportements que j'ai commencé à voir de mes propres yeux certaines des questions et des hypothèses qui s'y rattachent.

Jetez juste un coup d'œil honnête

Si vous cherchez à vous libérer mentalement et à vous libérer de schémas limitatifs, commencez par vous regarder honnêtement.

J'avais traversé assez de douleur et de souffrance mentale pour le faire et c'est alors que j'ai commencé à interrompre mes histoires en laissant de l'espace pour que de nouveaux types de pensées puissent s'exprimer.

Lorsque je vivais complètement immergé dans mon esprit conditionné, tout ce que je savais, c'est que je me sentirais mal à l'aise en présence d'autres personnes s'il y avait une accalmie dans la conversation pendant une période prolongée.

Je ne savais pas que c'était le bavardage mental dans ma propre tête qui me mettait mal à l'aise, je pensais que c'était la situation elle-même.

Je ne savais pas que je pouvais accepter et ignorer le bavardage mental dans ma tête provenant de questions et de déclarations comme *"Pourquoi tout le monde se tait?" "c'est bizarre, ils pensent que vous êtes bizarre, dites quelque chose".* Il y avait peu ou pas d'espace dans mon esprit pour remarquer ma captivité à cette pure folie et la folie totale était facultative.

Je ne dis pas que cette option est facile. Certains de ces schémas de pensée et de ces histoires ont couru dans mon esprit pendant littéralement des décennies et m'étaient complètement méconnaissables jusqu'à ce que j'en voie certains.

Tout commence par une décision ferme de commencer à vous libérer et de vous assurer que votre clarté mentale et votre tranquillité d'esprit sont importantes pour vous.

Le monde existe dans l'espace

Créer de l'espace dans votre esprit est subtil et si vous êtes comme moi, vous ne saurez pas tout à fait ce que vous faites ou si cela fait vraiment une différence.

Prenez un moment pour regarder autour de vous et concentrez-vous sur l'espace vide qui constitue votre monde. Cela vous semble-t-il étrange? Je veux dire, qu'est-ce que vous êtes censé regarder?

Credit: Gordn Johnson on Pixabay

La première fois que j'ai vu l'image ci-dessus, je n'ai vu que deux visages. Il a fallu qu'une autre personne me dise qu'il y avait aussi un vase à l'intérieur pour que je me concentre sur l'espace vide et que je le voie par moi-même.

Le monde extérieur comme miroir pour l'intérieur

L'espace mental est tout aussi subtil et invisible que l'espace vide dont nous sommes entourés chaque jour. Notre esprit humain ne peut pas comprendre ou conceptualiser l'espace vide, alors nous le prenons pour acquis ou même ignorons le fait qu'il est là.

Mais à quoi ressemblerait notre monde s'il n'y avait pas d'espace vide pour tout relier entre eux?

Il aurait l'air chaotique et c'est à cela que ressemble et ressent un esprit sans espace. Lorsque l'espace commence à émerger, alors un certain ordre et même une certaine logique peuvent émerger de ce qui était autrefois chaotique et accablant.

Le point de départ d'une véritable transformation

J'ai complètement négligé le fait que c'est en prenant de la distance par rapport à mes pensées que la transformation de mon esprit a commencé. Elle était minime au début, mais l'espace s'est agrandi au fil du temps à mesure que j'ai acquis une meilleure perception de ce qu'il est.

L'espace est ce qui m'a permis de prendre davantage conscience de mon discours sur moi-même, ce qui m'a permis de prendre conscience de mes questions et de mes hypothèses qui ont contribué à me faire passer d'un état d'esprit fixe à un état d'esprit de croissance.

L'esprit de croissance m'a poussé à sortir de ma zone de confort pour permettre à mon esprit de s'étendre davantage. La méditation, l'autoréflexion et une plus grande conscience du langage que j'utilisais m'ont permis de créer plus d'espace entre moi et mes pensées.

Psychologie soustractive

Avec le recul, je commence seulement à comprendre. En novembre 2016, *Results* était sur le point d'ouvrir mon esprit à une meilleure compréhension de l'espace qui m'a aidé à me libérer de ma pensée chaotique.

J'avais déjà deux ans d'habitude de lecture lorsque j'ai acheté *Results*. En lisant ce livre, j'ai commencé à réaliser qu'il y avait quelque chose de différent.

Jusqu'à ce livre, j'avais abordé la psychologie et le développement personnel avec le même état d'esprit que j'avais pour l'apprentissage des compétences techniques. Mon approche était additive, j'étais toujours à la recherche de plus d'informations ou des derniers outils ou techniques.

Cette approche commençait à m'irriter, car elle commençait à me sembler interminable et écrasante. Ce livre semblait cependant définir une approche fondamentalement différente de la psychologie - un modèle soustractif plutôt qu'additif.

Connexion à la source

Ce que j'ai retenu de ce livre, c'est que la clé pour me connecter à mon bien-être vient de la reconnexion avec ce que je suis sous toutes les pensées.

Au lieu d'ajouter des affirmations positives ou de devoir changer mon état d'esprit de manière artificielle, ce livre m'a permis de commencer à remarquer l'espace qui se trouve derrière mes pensées et mes mots.

Ne me demandez pas comment, mais ce livre m'a finalement aidé à ouvrir mon esprit juste assez pour avoir un aperçu de ce que Eckhart Tolle, Alan Watts et tous les autres professeurs spirituels que j'ai écoutés au fil des ans m'ont montré depuis le début.

Chapitre 20

LE POUVOIR DES MENTORS

"Divisez votre vie. Passez 33% de votre temps avec des gens qui vous sont inférieurs, vous pouvez les encadrer. Passez 33 % de votre temps avec des personnes qui sont à votre niveau - vos amis et vos pairs. Passez 33 % de votre temps avec des personnes qui ont 10/20 ans d'avance sur vous. Ce sont vos mentors."

- Tai Lopez (Loi de 33%)

Chercher de l'aide auprès d'autres personnes

J'avais une mentalité de loup solitaire. Après et peut-être avant mon expérience de la psychose, je me suis profondément méfié des gens. Je pensais qu'au diable tous les autres, je trouverais la solution moi-même.

Cela m'a aidé à réaliser que je pouvais être autonome et que le plus important est que je tienne ma parole. Mais, comme l'a dit le poète John Dunne, "aucun homme n'est une île, un tout en soi".

C'est en 2015 que j'ai pris conscience pour la première fois du pouvoir du mentorat. Depuis lors, j'ai acheté des livres et j'ai engagé un à un des mentors en personne. Ces mentors et ces livres m'ont permis de m'instruire sur des sujets allant de la programmation informatique et de la linguistique aux principes de l'esprit.

Entre le milieu et la fin de la vingtaine, j'ai décidé que le meilleur investissement serait d'investir dans mon esprit.

J'avais deux raisons principales pour le faire. La première était que j'avais fait l'expérience directe des immenses dommages psychologiques qui peuvent découler du fait de ne pas se comprendre soi-même.

La deuxième raison était que je n'arrêtais pas d'entendre certaines des personnes les plus intelligentes et les plus riches du monde dire qu'investir en soi est la chose la plus importante que l'on puisse faire.

Gratification différée

J'ai décidé de m'engager à prendre cette décision et à jouer le jeu à long terme. Le plus difficile lorsqu'on investit en soi-même, c'est qu'on ne voit pas nécessairement où va tout l'argent durement gagné.

Ce n'est pas comme acheter une voiture ou une maison. Avec une voiture ou une maison, vous pouvez voir de façon tangible votre progression dans la vie et vous recevez une validation externe de la part des personnes qui vous entourent et qui vous disent que vous avez fait le bon choix.

Au fil des ans, j'ai facilement investi le prix d'un acompte sur une maison de luxe dans des cours et un mentorat individuel. Bien que cela ne m'ait pas apporté beaucoup en termes de richesse matérielle ou de validation externe, cela m'a aidé à développer mes compétences et m'a permis de mieux comprendre mon esprit.

Jusqu'au début de la vingtaine, j'étais profondément confuse et en conflit interne sans en avoir conscience. Je ne pense même pas que je cherchais un sens et un but plus profond à ma vie, car je pensais qu'il n'y en avait pas.

Je vivais principalement selon les règles de quelqu'un d'autre, que ce soit la religion, l'éducation ou la politique, je faisais de mon mieux pour donner un sens à ces règles et les intérioriser afin de vivre une "bonne" vie. Vivre ma vie de cette manière ne faisait que m'éloigner de ma vraie voix et de mes propres vérités.

Vous êtes ici pour apprendre et vous développer

Je ne savais pas qu'il y avait une différence claire entre le dogme religieux et les leçons spirituelles qui sous-tendent toutes les religions du monde.

Je ne savais pas que le système éducatif n'avait pas tout compris. Je ne savais pas que le fait de me concentrer sur la politique m'amènerait à passer au second plan dans ma vie et à avoir le sentiment que quelqu'un allait venir me sauver quand je ferais une erreur.

Investir du temps, de l'énergie et de l'argent en moi était ma façon d'assumer plus de responsabilités personnelles et de reprendre mon pouvoir. Cela m'a aidé à me concentrer sur ce que je voulais de ma vie et à établir des priorités et des limites.

J'ai toujours été très mauvais pour fixer des limites personnelles avec les autres. Une fois de plus, j'essayais de vivre selon une idée fictive d'une "bonne" personne et j'ai fini par devenir un paillasson pour les mauvaises personnes bien trop souvent.

J'ai oublié l'étape la plus importante en matière de limites personnelles: apprendre à s'aimer et à s'accepter d'abord. Sans cela, vous pourriez aussi bien essayer de plier la loi de la gravité à votre volonté.

Lorsque j'ai commencé à voir que les règles auxquelles j'avais adhéré ne m'étaient pas imposées, cela m'a donné une certaine liberté d'esprit et de l'espoir. Il faut souvent beaucoup de souffrance psychologique pour voir à travers ses propres histoires et ses limites, la psychose m'a mis sur cette voie.

L'avertissement à garder en tête

Le bon mentor peut vous aider à accélérer votre croissance. C'est comme s'il avait une vue d'ensemble de votre vie et pouvait repérer le gouffre dans lequel vous avez été coincé au cours des sept dernières années. Probablement parce qu'ils ont eux-mêmes été coincés dans cette fosse pendant longtemps.

J'ai cependant réalisé qu'il y a une mise en garde importante à garder à l'esprit si vous prenez la décision de demander l'aide d'un mentor, et c'est de toujours suivre votre propre chemin.

Faites ce qui vous convient

Lorsque vous respectez quelqu'un et pensez qu'il a beaucoup de connaissances, il est très facile d'adhérer à ce qu'il vous dit.

Si vous trouvez le bon mentor, alors il ne vous dit pas des choses pour vous tromper intentionnellement, il vous dit simplement ce qui a fonctionné pour lui et comment il voit le monde.

Tout ce qui a fonctionné pour eux ne fonctionnera pas pour vous. J'aurais aimé apprendre cette leçon plus tôt.

Vous êtes tous les deux partis de différents endroits, avec des expériences de vie différentes et vous pourriez prendre des directions complètement différentes, il y aura donc inévitablement des différences entre vous.

Soyez attentifs lorsque quelque chose ne vous semble pas aligné et donnez du poids à votre propre connaissance intérieure.

Chapitre 21

MÉFIEZ-VOUS DE LA PENSÉE DE GROUPE

"Si tout le monde pense de la même façon, alors quelqu'un ne pense pas."

- George S. Patton

Ce qui semble personnel est universel

Il était vital pour moi d'être entouré de groupes de personnes partageant les mêmes idées. Cela m'a aidé à prendre ce qui s'était passé dans ma vie moins personnellement. Cela m'a aidé à voir que je ressemblais plus à d'autres personnes que je ne l'avais jamais imaginé. Cela m'a aidé à réaliser que le fait de partager mon histoire pouvait aussi aider les autres.

Quand j'ai commencé à voir que mes problèmes personnels n'étaient pas uniques à moi, je ne me sentais plus différent et bizarre de les avoir. Je me sentais moins isolée des autres et plus connectée. Je croyais auparavant que la plupart des gens avaient leur merde ensemble et j'avais donc des attentes irréalistes envers moi-même.

Avec le recul, je peux voir que la source de mes problèmes était un manque de compréhension. Ce n'était pas que j'étais brisé ou bizarre ou quelque chose comme ça. Je ne comprenais tout simplement pas comment résoudre les problèmes auxquels j'étais confronté.

Je ne savais pas comment regarder le monde d'une manière différente, d'une manière qui me permette de réaliser qu'il était normal d'être moi et de créer mon propre chemin dans la vie.

On ne peut pas vivre avec eux, on ne peut pas vivre sans eux

J'étais vraiment curieux dans la vingtaine. J'étais ouvert à toutes sortes de choses. Je me concentrais principalement sur la linguistique, la programmation informatique et la psychologie humaine. C'est ainsi que je me suis retrouvée parmi de nombreux groupes de personnes différents.

Bien que les gens soient souvent très différents et qu'ils aient des façons très différentes de voir le monde, j'ai remarqué que chaque groupe avait un point commun qui n'était pas entièrement positif. Dans presque tous les groupes, j'ai remarqué qu'une mentalité de "nous contre eux" émergeait quelque part.

Cela semble être la nature des groupes. Je ne sais pas comment on pourrait créer un groupe sans le positionner par rapport à un autre groupe, consciemment ou inconsciemment.

J'ai souvent vu cette mentalité, tant chez moi que chez les autres, alimenter la peur d'être exclu du groupe et une attitude de jugement envers ceux qui sont en dehors du groupe. Ces jugements s'articulent généralement autour d'un grand nombre d'hypothèses erronées.

Groupes d'aveuglement

Selon mon expérience, la pensée de groupe et la mentalité de troupeau sont des phénomènes très réels et dangereux. Quel que soit le groupe dans lequel je me suis trouvé, il y a presque toujours des règles tacites sur la façon d'agir, de se comporter et de voir le monde.

Dans une certaine mesure, cela est utile. Cela vous permet de savoir quel type de personnes vous côtoyez et si vous avez des intérêts et des valeurs communs.

Cependant, je vois souvent que cela devient toxique lorsque j'ai l'impression que je dois filtrer mes pensées et mes mots pour m'intégrer au groupe.

Cela me laisse ouvert à l'idée d'adopter une croyance étrange qui n'est pas la mienne. Sur le moment, cela semble presque insignifiant, mais avec le temps, les croyances incontestées deviennent vos nouvelles limites.

Même si ce que vous faites est cent fois plus important que ce que vous direz jamais lorsqu'il s'agit de groupes, la peur d'être exclu du groupe semble l'emporter sur cette vérité fondamentale.

À quoi ressemble une vie heureuse pour moi?

L'une des questions qui m'a aidé à suivre ma propre voie dans les moments les plus difficiles a été de savoir *à quoi ressemble pour moi une vie heureuse?*

Cela me permet de me concentrer sur ma propre vie et de rester dans ma propre voie. Cela me permet d'ignorer ce que les autres pensent et font. En fin de compte, à quoi cela sert-il si vous ne pouvez pas dire que vous êtes heureux d'être en vie?

Choisir l'inconfortable

Lorsque j'ai trouvé le nom "The Happy Mindset", je n'avais aucune idée de ce que j'essayais de créer.

Je savais que cela avait quelque chose à voir avec la compréhension du monde au-delà d'un niveau purement superficiel, l'exploitation de la puissance de l'adversité et la connexion à mes propres vérités personnelles.

Je ne savais pas ce que cela allait devenir au-delà d'un simple blog où j'exprimais mes pensées sur le monde.

Le nom lui-même m'a mis mal à l'aise pendant longtemps, ce qui explique probablement pourquoi je l'ai choisi. Ce malaise provenait de la pensée des nombreux jugements auxquels je serais inévitablement confronté en raison de ce que les autres pensaient de "The Happy Mindset".

La peur de l'inconnu est peut-être la plus grande peur à laquelle nous sommes confrontés en tant qu'êtres humains et je pouvais clairement le voir à travers mon besoin pressant de savoir exactement ce que je faisais avant de me permettre de le faire.

L'idée de créer le podcast était dans ma tête depuis un bon an avant que je ne le fasse et l'écriture de ce livre est restée dans mon esprit depuis que j'ai fait l'expérience de la psychose.

Bien sûr, il y a parfois une période de gestation entre la pensée et la forme. Si j'avais essayé d'écrire ce livre quelques mois ou même quelques années après mon expérience, je suis sûr que cela aurait été un accident de voiture complet. Mais je sais aussi que si j'avais voulu en tirer des enseignements, tout se serait bien passé à la fin.

Avec le recul, le moment idéal pour commencer est celui où vous savez que vous avez juste assez de compétences et de compréhension pour vous lancer et que tout ce qui vous bloque, c'est votre peur paralysante.

En écrivant ce livre pour vous, vous avez la preuve que cette peur paralysante ne vous tuera jamais vraiment, même si je peux vous dire qu'il en sera toujours ainsi.

Les gens et les opinions vont et viennent

Au fil des années, j'ai engagé des entraîneurs qui ont soutenu ce que je fais et s'y sont intéressés, mais seulement pour que leur intérêt s'estompe.

J'ai eu des amis qui, au départ, ont soutenu ce que je faisais, mais certains d'entre eux ont fait un virage à 180 degrés et se sont mis à s'irriter de moi et de ce que je faisais. J'ai également engagé un entraîneur qui m'a dit que le nom "The Happy Mindset" était trop large et que personne ne se souciait de l'état d'esprit de toute façon.

Le fait est que personne ne vient vous sauver et que personne ne vient faire le travail à votre place. Les opinions que j'ai reçues au fil des ans ne sont que cela, des opinions.

Au bout du compte, c'est vous qui devez vivre avec vos propres décisions et la voix lancinante qui vous dit inévitablement que *je vous ai dit de m'écouter*.

Si vous voulez apporter un changement réel et durable dans votre vie, alors engagez-vous à vous écouter et à vous confronter de plus en plus chaque jour.

Chapitre 22

POSEZ DE MEILLEURES QUESTIONS

"La définition de la folie est de faire la même chose encore et encore mais d'attendre des résultats différents." - Albert Einstein

Répétition aveugle

Quel que soit votre talent naturel, vous commencez toujours à un niveau de compétence inférieur à celui où vous vous trouvez actuellement.

Michael Jordan, l'un des plus grands joueurs de basket de tous les temps, a un jour été exclu de l'équipe de basket de son lycée. Il existe d'innombrables autres histoires où des personnes qui ont accompli de grandes choses ont commencé leur vie comme "personne" sans talent ou compétence indéniable.

J'ai découvert le pouvoir de la répétition grâce à l'apprentissage des langues. J'ai remarqué que plus je répétais le processus d'apprentissage de nouveaux mots, plus je réussissais à retenir les mots.

Ce n'est pas vraiment une réalisation époustouflante, mais combien de personnes connaissez-vous qui ont tendance à négliger de faire constamment les choses simples lorsqu'il s'agit d'aborder un sujet complexe?

Modifiez l'entrée pour modifier la sortie

La répétition a cependant une limite supérieure. Peu de pensées et de capacités cérébrales sont nécessaires pour répéter quelque chose.

On vous donne simplement un tas d'instructions et vous les répétez jusqu'à ce que vous deveniez plus efficace dans le processus. La répétition a certainement sa place, mais vous n'êtes pas un robot, vous êtes un être humain.

En tant qu'être humain vivant dans un monde dynamique, si vous répétez sans cesse la même chose, vous finirez par vous heurter à un mur.

La beauté de la vie dans un monde dynamique est que vos résultats changeront dès que vous commencerez à modifier vos actions et vos comportements. Vous pouvez modifier les données qui influent sur vos actions et vos comportements chaque fois que vous faites un choix conscient de le faire.

Changez la question, changez votre vie

La meilleure façon que je connaisse de changer réellement vos actions et vos comportements est de modifier fondamentalement les questions que vous prenez au sérieux.

En ajustant vos questions à partir des réactions du monde réel, vous passez de la répétition à une pratique délibérée.

Pendant longtemps, j'ai eu conscience de l'importance des questions que je me posais, mais j'avais négligé l'importance de les prendre au sérieux. J'ai trouvé cela agréable et j'ai beaucoup réfléchi à la façon dont je me posais des questions en surface.

Je ne croyais pas vraiment que les questions pouvaient modifier et changer ma réalité de manière profonde et significative, alors je ne les ai pas prises au sérieux.

Peut-être que ce blocage mental venait de ma relation avec le mot "sérieux". Je me souviens qu'enfant, on m'a donné un badge "J'ai le droit d'être grincheux", c'était la première fois que je me rendais compte que les autres me percevaient sous cet angle.

Comme la plupart des choses dans la vie, quand je parle de prendre vos questions au sérieux, il y a une nuance. Je ne veux pas dire que je vienne d'un lieu de force, d'insécurité et que je vois les autres comme l'ennemi.

Je veux dire qu'il faut vraiment reconnaître le véritable pouvoir de vos questions pour modifier ce sur quoi vous vous concentrez et, en retour, changer votre perception du monde qui vous entoure.

Se concentrer sur le processus

"Si c'était facile, tout le monde le ferait."

- Muhammad Ali

Il n'est pas facile d'obtenir quelque chose de valable. Pour réaliser quelque chose que vous n'avez jamais pu faire auparavant, vous devez développer à la fois vos compétences et vos émotions. Si ce n'était pas le cas, vous seriez déjà en mesure d'avoir ce que votre cœur désire.

Le fait de me concentrer sur le processus m'a permis de persévérer dans les moments où j'avais l'impression d'être perdue et de ne faire que peu ou pas de progrès. Au fil des ans, je me suis essayée à la traduction, au coaching, au travail en free-lance, à l'enseignement et à l'entrepreneuriat, avec plus ou moins de succès et de satisfaction.

Parfois, je me décourageais et je me comparais à certains de mes pairs qui traversent les phases "normales" de la vie.

S'en tenir à un seul cheminement de carrière, acheter une voiture, partir en vacances, se marier et acheter une maison et penser *qu'est-ce que je fais de ma vie, est-ce que je gâche mon avenir?*

Dans ces moments-là, ce sont des questions basées sur le processus qui m'ont aidé à avoir la foi et à suivre mon propre chemin. La comparaison est le voleur de joie après tout.

Voici quelques questions utiles à garder à l'esprit:

- Qu'est-ce que j'apprends ici?
- Qui suis-je en train de devenir?
- Est-ce que j'aime la personne que je deviens?

Gagner sa vie peut être simple

Si vous aimez vraiment ce que vous êtes en ce moment, alors, quelle que soit votre situation actuelle, vous gagnez la vie.

Si vous n'êtes pas heureux avec la personne que vous êtes, ce n'est pas non plus une mauvaise nouvelle. La vérité est que votre personnalité peut changer et s'adapter si vous êtes prêt à vous poser honnêtement une autre série de questions.

Une question simple - des implications profondes

Une question fondamentale avec laquelle je me suis rendu compte que je vis depuis de nombreuses années est de savoir Comment *puis-je me prouver aux autres?* Avec cette question au fond de mon esprit, la vie ressemble à un interrogatoire sans fin.

Je crains d'être découvert d'une manière ou d'une autre. J'ai l'impression que je dois présenter une certaine image au monde. Cette simple question me rend très difficile à être moi-même, avec ses imperfections et tout le reste.

Quand j'ai commencé à remarquer que cette expérience de la vie venait d'une question qui créait une perception et non de la vie elle-même, j'ai vu que dans ces moments-là, j'avais besoin de faire une pause, de reprendre mes repères et de changer la question.

Au lieu de courir partout comme un poulet sans tête en essayant de gérer la façon dont le monde me perçoit, je peux maintenant reconnaître la cause profonde et regarder dans la direction où commence le vrai travail.

Chapitre 23

LE POUVOIR DE LA VULNÉRABILITÉ

"Parce que la véritable appartenance ne se produit que lorsque nous présentons au monde notre moi authentique et imparfait, notre sentiment d'appartenance ne peut jamais être plus grand que notre niveau d'acceptation de soi."

- Brené Brown

L'acceptation de soi

Pour être honnête, je suis parfois irrité par les autres et je pense qu'ils ne sont pas sérieux. Je suis parfois irrité par moi-même et je pense que je suis plein de merde. Donc, la première idée de m'ouvrir à moi-même et aux autres m'a presque donné envie de vomir.

C'était un territoire complètement étranger et je ne savais pas à quoi m'attendre ni à quoi il servait. Je savais qu'il y avait une grande possibilité d'embarras. En acceptant d'être vulnérable, j'ai compris que tout repose sur l'acceptation de soi.

Lorsque vous vous confiez à quelqu'un à propos de quelque chose que vous avez gardé secret pendant longtemps, il n'y a aucune garantie que l'autre personne réagira de la manière dont vous voulez qu'elle le fasse.

Même si elle le fait, vous êtes toujours prisonnier de la condition qu'elle continue à vous accepter tel que vous êtes. Mais la réaction de l'autre personne concerne cette personne, pas vous, vous ne pouvez pas la contrôler, ce qui nous ramène tout de suite à l'acceptation de soi.

Voici quelques questions qui vous aideront à déterminer quand il est temps pour vous de vous ouvrir:

- Dois-je être accepté ou validé par quelqu'un d'autre que moi-même?
- Est-ce que le fait de partager mon histoire aura un effet positif?

Vous choisissez les chapitres que vous montrez

Une autre distinction que je voudrais faire est qu'il n'est pas nécessaire d'être un livre ouvert à tous. Pendant longtemps, j'ai lutté avec ce concept.

À un moment donné, j'ai pensé que la meilleure façon de traverser la vie était d'être aussi ouvert et honnête que possible avec tous ceux que je rencontrais, mais je me trompais.

Les gens sont très différents et ont des façons très différentes de voir le monde. Malheureusement, il y a des gens qui seront heureux de vous manipuler pour leur propre bénéfice.

J'ai été bien trop honnête avec des gens en qui je n'aurais jamais dû avoir confiance. J'étais trop occupé à chercher l'acceptation de tout le monde et de n'importe qui pour le remarquer. Avec le temps, en apprenant à mieux m'accepter, j'ai pu accorder une plus grande attention aux gens autours de moi.

Partager ma plus sombre histoire

La chose la plus vulnérable que j'ai jamais faite est de partager l'histoire de mon expérience de la psychose sur mon podcast et avec vous dans ce livre. Cette histoire a représenté une période très sombre de mon passé et il était difficile de la revisiter, même après toutes ces années.

Mais le fait de revisiter cette expérience m'a aidé à guérir et à en tirer de la clarté, de la perspective et un sentiment de clôture.

Le pouvoir de la reddition

Bien que la façon dont j'ai vécu mon expérience m'ait rendu plus résistant et m'ait aidé à comprendre l'impact de la stigmatisation sociale jusqu'à ce que je puisse pleinement reconnaître ce qui s'était passé, elle me trottait dans la tête. Je ne l'avais pas complètement intégrée et je n'étais pas capable de m'accepter et de passer à autre chose.

Passer par quelque chose de très traumatisant et, en plus, vivre avec honte et embarras pendant des années n'est pas une façon de vivre pour qui que ce soit.

Après avoir passé ma vingtaine à apprendre sur l'esprit, le cerveau et le pouvoir du langage, je ne voulais plus ressentir cette honte et cette gêne. J'ai décidé de clore ce chapitre de ma vie et de partager mes leçons pour vous aider sur votre chemin.

S'approprier l'histoire

La chose la plus effrayante quand on partage en public quelque chose que l'on a gardé secret, c'est l'inconnu. Une fois qu'il est là, il est là.

Ma plus grande crainte était de ne pas pouvoir sortir de l'état d'esprit traumatisé dans lequel j'étais lorsque je pensais à mon expérience de la psychose.

Je ne voulais pas m'apitoyer sur mon sort et sur celui des autres, ni me sentir désolée pour moi. Ma mission est d'aider les gens à percevoir leurs traumatismes comme des opportunités de croissance et d'incarner une manière d'être plus autonome dans le monde.

Partager mon propre traumatisme tout en me sentant victime était la dernière chose que je voulais dans ma vie et mon travail.

Les premières fois que j'ai partagé mon histoire sur d'autres podcasts étaient terrifiantes. Avant les interviews, mon esprit se mettait à courir à cent à l'heure.

Ce qui me faisait le plus peur, c'est qu'une fois que c'était sorti, il n'y avait pas de retour en arrière. L'autre chose qui m'effrayait était la pensée que peut-être tout ce stress et cette anxiété pourraient me faire replonger dans un état de psychose et que je ne voulais vraiment pas y retourner.

L'inconfort devient le confort

Ce qui s'est réellement passé, c'est qu'après quelques mois de partage inconfortables, mon esprit a commencé à s'adapter et j'ai progressivement surmonté ma peur de l'histoire et de ce que les gens pensent de moi à cause d'elle.

Ce processus a été plus long que je ne l'avais prévu. Il n'a pas été aussi simple que de partager mon histoire une fois et je peux passer à autre chose. C'est en me concentrant sur le processus et sur les progrès progressifs que j'ai réussi à me débrouiller à ma manière imparfaite.

Tout au long de mes vingt ans, j'ai été extrêmement timide pour raconter mon histoire à un ami proche ou à un membre de ma famille. Maintenant, je peux partager cette histoire avec vous dans un livre de manière à clarifier et à mettre en perspective les leçons que ce traumatisme m'a données. C'est le bien que j'ai retiré du partage de mon histoire.

Tout au long de ce processus, j'ai appris à m'accepter davantage. Je réalise maintenant que, parce que j'ai vécu toute cette angoisse existentielle et ce bouleversement psychologique jusqu'au début de la vingtaine, j'ai pu mener une vie qui me semble beaucoup plus conforme à la réalité.

Chapitre 24
UNE VIE MOTIVÉE PAR UN BUT

"Les gens prennent des chemins différents à la recherche de l'épanouissement et du bonheur, ce n'est pas parce qu'ils ne sont pas sur votre route qu'ils se sont perdus."

- Dalai Lama

Un sentiment de vide en soi

Je suppose que j'ai trouvé mon chemin vers un sentiment de bonheur et d'épanouissement en vivant d'abord dans un état de mécontentement et de malheur.

Avant la vingtaine, je n'avais pas le sentiment d'avoir un but ou une direction dans ma vie. Je n'avais pas un sens plus profond du pourquoi.

Je me percevais simplement, à un niveau purement superficiel, comme un garçon qui deviendrait un homme, aurait une carrière, une maison et, avec un peu de chance, fonderait un jour une famille. Tout ce qui allait au-delà me semblait être un vœu pieux et un fantasme inutile.

Bien qu'intellectuellement, il m'ait été facile de vivre de cette façon, je n'ai jamais eu à me poser les grandes questions existentielles comme: *à quoi sert tout cela?* ou *qui suis-je vraiment?* mais cela m'a aussi laissé un sentiment de vide intérieur.

Je ne voyais pas la vie comme une aventure ou un puzzle à résoudre et je n'étais pas curieux de savoir qui j'étais ou de connaître la nature de l'univers dans lequel je vivais.

Ma vision de la vie avant d'avoir une mission, un but et un sens de l'orientation aurait été bien résumée par Earl Nightengale quand il a dit:

"La plupart des gens marchent sur la pointe des pieds dans l'espoir d'atteindre la mort en toute sécurité."

Une fois que vous regardez dans la bonne direction, il est important de savoir que votre mission et votre but changeront au fur et à mesure que vous évoluerez en tant que personne, alors suivez le cours de la vie et voyez où elle vous mène.

Créer une vision

Bien que je ne le savais pas à l'époque, j'ai accepté ma première mission à 22 ans sous la forme de mon expérience de la psychose.

À partir de ce jour, ma mission a été de me prouver que quoi qu'il arrive dans ma vie, j'ai toujours le pouvoir de creuser plus profondément et de choisir de vivre une vie heureuse et épanouie.

J'ai commencé à me faire à l'idée de travailler sur ma vision vers l'âge de 30 ans. Quand j'ai commencé à y réfléchir vraiment, *comment aurais-je pu arriver à quelque chose dans ma vie si je n'avais pas une vision pour me faire avancer? Comment saurais-je si j'atteignais ma destination? J'ai peut-être déjà franchi de nombreuses étapes, mais je ne sais pas lesquelles?*

Ce genre de questions m'a aidé à sortir de ma transe de réflexion excessive lorsqu'il s'agissait de travailler sur une vision de ma vie. Cela commençait à avoir un sens logique pour moi. Une fois que cela a commencé à avoir un sens, j'ai commencé à me permettre de commencer à écrire une vision pour ma vie.

Si vous voulez faire un simple exercice pour voir si vous avez des croyances limitantes, alors asseyez-vous avec un stylo et du papier et écrivez une vision de votre vie. Décomposez votre vision en santé, richesse, relations, maîtrise de soi et bonheur. Passez du temps à écrire la meilleure vision possible pour votre vie.

Penser et rêver plus grand

Faire ces exercices me mettait très mal à l'aise. Il y a encore de la résistance aujourd'hui quand je prends le temps de les faire.

Même quelque chose d'aussi simple que l'écriture de ce livre a été inclus dans ma vision. Ce n'était pas aussi spécifique que *j'écrirai un livre sur ce que j'ai appris dans ma vingtaine pour aider le lecteur à transformer son adversité en son pouvoir personnel,* mais le simple fait d'écrire que je serai un *auteur publié* m'a semblé difficile à écrire. Cela m'a semblé grandiose et comme si je ne devais pas être aussi audacieux ou viser aussi haut dans la vie.

Il était encore plus difficile d'écrire que je serai un *auteur de grand succès*. Je ne sais pas pourquoi c'est si difficile, mais c'est probablement lié quelque part à l'ancien mantra sur les faibles attentes que j'avais inconsciemment intériorisées à l'adolescence.

Vous n'êtes pas vos objectifs

Lorsque j'écris de grands objectifs, j'ai toujours l'impression que si je veux m'engager, c'est que je mets en jeu ma propre valeur.

La vérité est que ce n'est pas le cas. Bien sûr, je serai déçu si je ne crée pas certaines des choses que je veux voir se réaliser, mais le type de personne que je deviens dans le processus est la chose la plus importante, simplement parce que c'est la seule et unique chose sur laquelle j'ai vraiment mon mot à dire.

Quand je vois les choses sous cet angle, à quoi bon viser bas dans la vie quand il faut la même quantité d'énergie pour viser haut?

Chapitre 25

DÉCOUVREZ CE QUI VOUS TIENT À CŒUR

"Lorsque la voix et la vision de l'intérieur sont plus profondes, plus claires et plus fortes que toutes les opinions de l'extérieur, vous avez commencé à maîtriser votre vie."

- Dr. John F. Demartini.

Découvrez ce qui vous tient à cœur?

J'avais l'habitude de penser aux valeurs d'une manière moraliste. Je n'en savais pas plus parce que je n'avais pas d'autre point de référence pour penser aux valeurs qu'à travers une lentille religieuse et moralisatrice. Je ne me souviens pas avoir appris ce que sont les valeurs et pourquoi elles sont importantes à l'école.

Je pensais qu'être un homme de valeurs, c'était s'occuper des autres et faire passer leurs besoins en premier. Lorsque je n'étais pas à la hauteur de ces notions, j'avais l'impression que quelque chose n'allait pas chez moi ou que je ne faisais pas assez pour être à la hauteur de ces normes.

Mes vagues notions de morale et de valeurs se sont avérées en grande partie toxiques et déroutantes. Je faisais rarement attention à ce que j'appréciais et quand je le faisais, je les regardais à l'envers.

Vous ne pouvez pas donner ce que vous n'avez pas et si vous ne prenez pas d'abord le temps de prendre soin de vous-même, vous ne serez pas capable de prendre vraiment soin de quelqu'un d'autre.

En lisant des livres tels que *The Values Factor* du Dr John Demartini et en côtoyant des coachs de vie ces dernières années, j'ai compris l'importance d'être conscient de ce à quoi vous tenez le plus dans votre vie.

Vous vivez déjà selon un ensemble de valeurs

Au lieu de penser que les valeurs définissent qui je suis en tant que personne, j'ai commencé à les considérer comme des choses qui m'aidaient à clarifier ce que je veux dans ma vie.

Les valeurs ne sont pas facultatives. Vous vivez déjà selon un ensemble de valeurs, que vous le sachiez ou non. Lorsque je n'étais pas conscient de mes valeurs, je vivais souvent selon des valeurs qui ne me servaient pas.

L'une de ces valeurs était le besoin d'acceptation qui me faisait passer mon temps à faire des choses qui ne m'intéressaient pas ou que je n'appréciais pas vraiment. Des choses comme aller au pub tous les week-ends et me soûler bêtement.

Au début, j'ai trouvé cela très difficile car je m'asseyais avec un stylo et du papier pour écrire ce à quoi j'accordais de l'importance. Les premières fois, je n'avais rien à écrire. Les questions qui se posaient étaient de la variété: *à quoi cela sert-il?*, *qu'est-ce qu'une valeur?*

Lorsque j'ai réussi à écrire certaines de mes valeurs, j'ai pu voir apparaître les conflits internes entre ce que j'apprécie réellement et ce que je pense devoir apprécier.

Valeurs inconscientes

La plus grande chose qui s'est dégagée pour moi, qui était restée largement inconsciente, était la valeur que j'avais accordée au fait d'avoir raison. Lorsque je travaillais avec ce système de valeurs, je ne considérais pas vraiment que faire des erreurs faisait partie de l'apprentissage.

J'aurais peut-être été capable de verbaliser l'importance de faire des erreurs, mais mon système de valeurs n'était pas entièrement aligné sur mes mots.

Dans mon système de valeurs, les erreurs étaient toujours quelque chose dont il fallait avoir honte et qu'il fallait éviter à tout prix, et aucune quantité de mots ne pouvait changer cela avant que je reconnaisse qu'avoir raison était une chose à laquelle j'attachais de l'importance.

La vérité vous rendra libre

Une fois que je me suis consciemment avoué cela, j'ai pu m'orienter plus intentionnellement vers un changement de mon système de valeurs afin d'internaliser la valeur de l'apprentissage continu, une valeur qui m'a toujours bien servi.

En choisissant consciemment cette valeur, je suis en mesure de me rappeler ce à quoi je tiens vraiment lorsque je fais des erreurs et que je commence à me perdre dans un brouillard de doute et d'autocritique.

En mer sans gouvernail

Prenez une minute et regardez dans la pièce où vous vous trouvez. Regardez les objets dont vous vous entourez. Quels sont-ils?

Ce sont les choses auxquelles vous tenez le plus à ce stade de votre vie. C'est un exercice si simple, mais dont je n'avais pas conscience avant qu'on me le montre.

Jusqu'à ce que je commence à comprendre ce que j'apprécie vraiment le plus dans la vie, j'étais comme un navire en mer sans gouvernail. Un navire qui était secoué par ce que les autres appréciaient et ce que je pensais devoir apprécier.

Cela peut être difficile au début, mais comprendre ce que vous appréciez vraiment vous aidera à comprendre quand vous vous sentez victime et quel choix vous avez réellement en la matière. C'est un petit prix à payer pour une plus grande liberté mentale et une meilleure qualité de vie.

Chapitre 26

LA BOUCLE EST BOUCLÉE

"Mon conseil, si quelqu'un a écrit quelque chose et vous a blessé, est de vous tenir au coin d'une rue et de regarder tous les gens passer. Je vous parie qu'aucune de ces personnes ne pense à vous."

- Jeff Bezos.

Vivre la vie en dessous de la tête

Quand je me suis intéressé pour la première fois à l'esprit et au cerveau, je ne l'ai regardé que d'un point de vue intellectuel.

La connaissance de soi n'était pas vraiment enseignée à l'école et donc, tout au long de ma formation et de mon adolescence, j'ai lutté avec ce qui se passait vraiment pour moi sur le plan émotionnel.

Je ne pensais pas qu'il était important de comprendre mes émotions car l'école ne mettait pas l'accent sur le développement de la conscience de soi et de l'intelligence émotionnelle.

L'intelligence émotionnelle n'était tout simplement pas considérée comme un facteur important de réussite et de bonheur à long terme lorsque j'allais à l'école. Je ne pense pas que l'intelligence émotionnelle était un terme auquel les gens faisaient référence à l'époque.

Une vie déconnectée

Lorsque j'ai décidé de me donner pour mission d'apprendre à connaître mon esprit et mon cerveau pendant les premières années, je n'étais pas prêt à m'aventurer beaucoup plus loin sous la tête.

Ce n'était même pas une décision consciente de ma part, ma tête était devenue tellement déconnectée de mon corps que je ne savais même pas que je vivais comme ça.

Dans une certaine mesure, cela m'a aidé. L'apprentissage du mode de vol ou de combat, de l'amygdale, de la zone RAS du cerveau et des voies neurales m'a aidé à comprendre le corps humain et le potentiel humain à un niveau que je n'avais jamais vraiment compris auparavant.

Une nouvelle langue n'est pas seulement un tas de mots

Cependant, il est arrivé un moment où j'ai réalisé que la réponse ne viendrait pas de l'ajout d'informations supplémentaires dans mon cerveau.

Il y a un certain niveau de recherche et de diligence raisonnable à faire pour s'informer suffisamment sur un sujet, mais il arrive un moment où l'on atteint un point de basculement et où la loi des rendements décroissants commence à s'appliquer rapidement.

C'est comme le jour où j'ai réalisé que je ne parviendrais pas à parler couramment le français en apprenant tous les mots français.

Pour moi, ce jour est venu où j'ai réalisé que je ressentais toujours les mêmes vieilles émotions à mon égard et je n'avais aucune idée du pourquoi.

Le premier grand pas que j'ai fait pour mieux comprendre mes émotions est venu des cours en ligne que j'ai suivis à Mind Valley. Les étapes suivantes dans cette direction ont été des séances d'hypnothérapie, des séances de travail sur le corps et l'énergie et une formation pour devenir un coach de vie.

Ces expériences m'ont amené à prêter davantage attention à mes émotions et à comprendre les nombreuses astuces sophistiquées que mon esprit me joue pour m'empêcher de ressentir certaines émotions.

La simplicité parmi la complexité

Comprendre mes émotions a été la chose la plus simple et pourtant la plus complexe que j'ai jamais entrepris de faire.

Au cours des dernières années, j'ai souvent perdu le contact avec l'être humain en tentant involontairement d'éviter certaines émotions en essayant de mieux les comprendre sur le plan intellectuel.

J'ai parfois l'impression que si je donne à mon esprit un objectif général, il va constamment y réfléchir en arrière-plan, un peu comme l'anti-virus de votre ordinateur, vous ne savez jamais qu'il fonctionne que lorsqu'un problème apparaît ou qu'il monopolise toutes les ressources.

J'ai appris à maintes reprises que l'intégration émotionnelle est la réponse et non le jugement personnel créé dans l'esprit.

Heureusement, ce comportement inconscient a un côté positif. De grands inventeurs tels que Thomas Edison sont connus pour utiliser cet aspect de l'esprit humain à leur avantage en remettant des questions à leur subconscient pour qu'il y travaille toute la nuit.

Volonté d'apprendre + Action

Passer à l'action et ressentir les émotions désagréables qui en découlent m'a permis de mieux me connaître que ce que m'ont appris les livres ou les mentors.

C'est en combinant la volonté d'apprendre et l'action que je ne me sens pas si coincée dans ma vie. C'est comme les deux faces d'une même pièce de monnaie.

Lorsque je me contente d'agir et que j'ignore les véritables questions et hypothèses qui se cachent derrière ce que je pense vouloir, je finis par me retrouver coincé.

Lorsque le seul apprentissage que je fais se fait dans une chambre d'écho d'une salle de classe ou derrière un écran d'ordinateur et qu'il me manque un retour d'information du monde réel, alors je suis également bloqué. C'est en combinant les deux que l'ensemble se réunit pour moi.

J'ai passé la première moitié de ma vingtaine à me concentrer sur l'acquisition de meilleures habitudes et à poser de meilleures questions. J'avais passé la plus grande partie de la seconde moitié à explorer les principes de l'esprit et à mieux comprendre mes émotions.

À l'approche de mon 30e anniversaire, j'ai réalisé qu'il était temps de commencer à unifier les deux et de devenir mon propre homme avec ma propre voix.

Chapitre 27

UTILISEZ VOS PROPRES MOTS

"Quand personne d'autre ne vous célèbre, apprenez à vous célébrer vous-même. Quand personne d'autre ne vous complimente, alors complimentez-vous. Ce n'est pas aux autres de vous encourager. C'est à vous de le faire. L'encouragement doit venir de l'intérieur."

- Jay Shetty

Une danse sans fin

À un moment donné de votre voyage, vous vous rendrez compte qu'il n'y a pas de "bonne" réponse à quoi que ce soit dans votre vie.

Chacun apprend ses propres leçons au cours de son propre voyage. Il n'y a que ce qui vous convient pour vous aider à progresser dans votre propre vie.

Cela ne veut pas dire que vous ne pouvez pas donner ou recevoir des conseils. Ouvrez votre esprit et faites des expériences jusqu'à ce que vous trouviez ce qui vous convient à chaque étape du parcours. Restez conscient que lorsque vous vous retrouvez à glisser dans un mode de pensée dogmatique, cela ne vous fait jamais de bien.

N'oubliez pas votre cœur

Je trouve progressivement mes réponses les plus utiles en apprenant à utiliser à la fois mon cerveau et mon cœur. Mon cerveau est pratique et pragmatique et il me permet de rester en sécurité. Il connaît ma tolérance au risque et je respecte et honore cela.

Cependant, il ne me permettra jamais de savoir qui je suis ou de quoi je suis capable. Si j'avais simplement écouté mon cerveau lorsque j'ai été atteint de psychose, je ne sais pas à quoi ma vie ressemblerait maintenant. C'est là que mon cœur et mon âme entrent en jeu.

Mon âme sait qu'elle est invaincue, elle aime être libre et exprimer qui je suis vraiment, mais elle est aussi comme un étalon sauvage que je ne comprends pas vraiment.

Je dois prendre le temps de calmer mon esprit et de l'écouter parce qu'il sait ce que je veux vraiment. Je peux alors utiliser mon cerveau plus judicieusement pour expérimenter des moyens de manifester le désir de mon cœur dans le monde réel.

À partir de la psychose, j'ai vu qu'une vie vécue en utilisant uniquement mon cerveau me semble vide, confuse, déconnectée et déprimante. Une vie menée uniquement avec mon cœur me semble libératrice, mais aussi chaotique et maniaque.

C'est en apprenant à combiner les deux que j'ai eu un sentiment de progrès, de bonheur et d'épanouissement dans ma vie.

Se libérer de la pensée en noir et blanc

J'ai déjà mentionné à plusieurs reprises dans ce livre l'esprit archaïque et la pensée en noir et blanc. Vous passerez par de nombreuses phases de la pensée en noir et blanc.

Cette façon de penser vous est naturelle et ne nécessite que très peu de réflexion et d'énergie. Elle vous permet de conceptualiser et de donner un sens au monde sans être complètement désorienté, perdu et submergé par les énormes quantités d'informations que votre cerveau reçoit chaque jour.

En regardant la vie à travers cette lentille, vous penserez souvent que cette chose ici est la réponse et vous négligerez ou soulignerez trop d'autres choses en vous basant sur un mélange de votre opinion et de celle des autres. Vous interpréterez aussi mal ce que disent les autres en vous basant sur vos propres croyances et vos propres expériences de vie.

Le contexte et la capacité d'adaptation sont des éléments clés et votre capacité à apprendre dépassera de loin votre capacité à assimiler passivement des informations ou à vous accrocher à des croyances qui peuvent en fait vous limiter.

Devenez alchimiste

En gardant l'esprit ouvert, vous vous rendrez compte que tout n'est que bruit blanc jusqu'à ce que vous commenciez à synthétiser et à intérioriser l'information pour vous-même.

Devenez votre propre alchimiste en créant votre propre or. Ne vous contentez pas d'acheter indéfiniment celui d'un autre, c'est-à-dire si vous voulez devenir le maître de votre propre destin et non une simple marionnette.

Lorsque vous commencez à cultiver en vous la capacité de créer votre propre or, vous n'avez plus à vous préoccuper de l'approvisionnement en provenance d'ailleurs.

Les dangers du filtrage linguistique

J'apprenais l'espagnol et l'italien quand j'ai eu mon expérience de la psychose à 22 ans. Cette année-là, j'ai fait l'expérience d'une immense possibilité, d'une immense douleur et de l'obscurité tout à la fois. C'était pour le moins accablant.

Le côté sombre de mon expérience m'a donné la motivation nécessaire pour m'instruire sur les choses qui comptaient vraiment pour moi.

Pendant tant d'années, mon esprit avait associé l'éducation à la régurgitation et à la mesure de l'ensemble des normes prédéfinies de quelqu'un d'autre que j'avais presque complètement perdu mon amour de l'apprentissage.

Des changements simples

Ce simple changement dans ma relation avec l'apprentissage m'a permis d'en apprendre plus sur moi-même au cours des années suivantes que je ne l'aurais jamais cru possible. Le bon côté des choses m'a permis de comprendre qu'aucun obstacle n'est trop grand et que tout est vraiment possible si l'on s'y met.

Au fil des ans, j'ai participé à de nombreux séminaires, événements et retraites. J'ai suivi d'innombrables cours et lu des centaines de livres dans de nombreuses disciplines différentes.

En repensant à tous les moments de chaos et de clarté et aux hauts et aux bas, le seul conseil que je vous donnerais serait de toujours utiliser vos propres mots et de chercher à vous connecter avec votre vraie voix.

Le côté obscur de la censure

Quand je regarde mon adolescence et mes premières années d'adulte, je vois que le chemin pour se perdre dans la conformité a commencé avec le filtrage du langage.

Si une certaine façon de voir le monde ne me semblait pas acceptable, je commençais alors à l'effacer progressivement de mon vocabulaire.

Avant de commencer à filtrer consciemment et inconsciemment mon langage, je ne comprenais pas l'importance du contexte ou le fait que des groupes de personnes peuvent avoir des croyances très différentes.

Je n'ai pas réalisé qu'il était normal de penser différemment. Je ne comprenais pas non plus la liberté de choix qui m'était laissée quant à l'endroit où je devais porter mon attention.

Si j'avais su toutes ces choses, mes choix auraient peut-être été différents. Je pense que l'élan de filtrage de mon langage a été une raison clé pour laquelle j'ai été aveuglé par l'apprentissage de toutes ces nuances subtiles dans le comportement humain depuis un âge plus précoce.

Vos problèmes n'existent pas " en dehors ".

Si je devais décrire mon expérience de la psychose comme un sentiment spécifique, ce serait alors le sentiment de ne pas être entendu.

Vous savez ce que vous ressentez lorsque vous jouez aux charades avec un partenaire particulièrement mauvais? Ce sentiment écrasant de pure frustration lorsque vous vous rendez compte que quoi que vous fassiez, ils ne l'auront jamais.

C'est ce que la psychose m'a fait ressentir. Au début, je pensais que j'avais besoin d'être compris par le monde. C'était une tâche ardue, que je ne croyais pas vraiment possible ni digne de mon temps et de mes efforts.

Néanmoins, c'est là que mon histoire a commencé. Je n'avais peut-être pas besoin de convaincre le monde, mais dans les pires moments imaginables, je devais trouver un moyen d'aider les autres à comprendre ce qui se passait dans ma tête afin de pouvoir recevoir l'aide adéquate.

Il a fallu un mauvais diagnostic de dépression, mais j'ai finalement reçu le bon médicament qui a aidé à remettre en ordre les substances chimiques dans mon cerveau. C'est alors que le travail de ma vraie vie a commencé.

Écoutez-vous

Pendant les premières années, je regardais à l'envers. Je regardais le monde et j'essayais de le comprendre. Je pensais que toutes les réponses viendraient de la compréhension des autres personnes et du monde qui m'entoure. Je pensais que cela prendrait beaucoup de temps, mais que cela en vaudrait la peine.

À un certain moment de mon voyage, je me suis rendu compte que j'avais les jumelles à l'envers. Je n'avais pas besoin de comprendre le monde et il n'avait pas besoin de me comprendre. Ce que j'ai dû faire tout au long de mon voyage, c'est prendre le temps de m'écouter et de me comprendre.

Pourquoi j'aime la langue

Que ce soit un langage humain ou un langage de programmation informatique, mon amour du langage est au cœur de tout ce que je fais. Je suis attiré par les langues pour 3 raisons spécifiques.

La première est qu'elle occupe mon esprit analytique sur quelque chose de concret et de tangible. Mon esprit analytique n'a pas été construit pour se comprendre lui-même ou pour comprendre l'univers connu. Quand il essaie de le faire, il commence lentement à me rendre fou. Mon expérience de la psychose m'a réveillé à l'immense destruction qu'un esprit humain incontrôlable peut faire.

La seconde est que le langage m'aide à grandir et à devenir une meilleure personne. Le langage me présente les mots qui me déclenchent émotionnellement afin que je puisse regarder de plus près ce qui se passe vraiment pour moi.

"Swat", "étranger", "psychotique" sont tous des mots qui m'ont été présentés au fil des ans. Après avoir examiné de plus près ma propre psychologie, ces mots ne laissent plus dans ma bouche le même mauvais goût qu'autrefois.

Les mots eux-mêmes ne sont jamais le vrai problème, ils ne servent que de point de repère pour nous permettre de commencer le vrai travail.

La troisième est qu'il n'est pas facile d'apprendre une nouvelle langue étrangère ou un langage de programmation informatique. Il faut de la concentration, de la discipline et la capacité à donner un sens à un outil de communication et à le conceptualiser. Cette concentration m'a aidé à acquérir un niveau de résilience et de persévérance que je n'aurais peut-être pas atteint autrement.

Débloquez votre énergie unique

En fin de compte, c'est l'énergie et l'intention derrière vos mots qui comptent plus que les mots eux-mêmes.

Il m'a fallu près d'une décennie pour réaliser celui-ci. Cette énergie est ce à quoi les gens prêtent vraiment attention et avec quoi ils se connectent. Il faudra du temps pour se connecter à votre énergie unique et la ressentir.

Ne vous pressez pas, ne vous jugez pas parce que vous n'êtes pas aussi puissant que les personnes auxquelles vous avez tendance à vous comparer.

Cela doit prendre du temps. À long terme, vous serez heureux d'avoir laissé à votre vrai moi le temps et l'espace nécessaires pour évoluer au lieu de céder à la solution rapide qui consiste à prétendre être quelqu'un de plus "acceptable".

Les mots de séparation

Il arrive que des merdes se produisent dans la vie et il arrive souvent qu'elles soient ressenties comme imméritées et injustes. Il est facile de vivre en se sentant victime des circonstances, mais cela se fait au prix d'une vie difficile sur le plan psychologique. Croyez-moi, je suis passé par là et j'ai acheté le t-shirt.

Je pensais que je devais me tenir constamment au courant des nouvelles pour rester informé, même si cela me déprimait et déformait négativement ma perception du monde.

Je pensais qu'il n'était pas normal d'être vulnérable. Je pensais qu'il n'était pas normal de s'intéresser à des choses que les autres ne comprenaient pas ou qu'ils trouvaient bizarres. Je pensais qu'il fallait que j'aime me saouler le week-end pour m'intégrer à mes pairs et être sociable.

J'avais toutes ces perceptions erronées et ces suppositions qui me limitaient et me guidaient mal. Bien sûr, il y a des gens qui penseront que vous êtes bizarre et ne seront pas d'accord avec vos opinions, mais préféreriez-vous vivre comme l'ombre de vous-même ou vivre comme votre vrai moi?

Voilà donc quelques-unes des leçons inattendues que j'ai apprises dans la vingtaine grâce à mon expérience de la psychose.

C'était un voyage en montagnes russes entre l'ordre et le chaos, mais c'était aussi une expérience profondément enrichissante de sortir de l'autre côté plus fort qu'on n'y est entré.

La dernière leçon que je vous laisse est la suivante: votre vie sera finalement ce que vous en ferez, assurez-vous simplement qu'à la fin de la journée vous pouvez dire que vous avez donné le meilleur de vous-même et que vous menez votre propre vie.

Annexe

Comment se forment les habitudes : Modélisation de la formation des habitudes dans le monde réel par Phillippa Lally, Cornelia H.M van Jaarsveld, Henry W. W. Potts, Jane Wardle

25 préjugés cognitifs qui ruinent votre vie, expliqués par Allen Cheng

Les 20 premières heures - comment apprendre quoi que ce soit par Josh Kaufman - TedxCSU

Psychologie positive : Une introduction de Martin E. P. Seligman

Les principales recommandations du livre de Tai

Qu'est-ce qu'un Ambivert ? Répondez au quiz pour savoir si vous êtes introverti, extraverti ou ambivert